改变世界　中国杰出企业家研究系列丛书

为世界贡献东方企业家的商业智慧与管理思想

苏勇　主编

道法自然：刘永行管理思想探究

高小玲◎著

企业管理出版社
ENTERPRISE MANAGEMENT PUBLISHING HOUSE

图书在版编目（CIP）数据

道法自然：刘永行管理思想探究 / 高小玲著. --北京：企业管理出版社，2022.5

（改变世界：中国杰出企业家研究系列丛书 / 苏勇主编）

ISBN 978-7-5164-2604-3

Ⅰ. ①道… Ⅱ. ①高… Ⅲ. ①刘永行－企业管理－思想评论②民营企业－企业管理－研究－中国 Ⅳ. ①F272②F279.245

中国版本图书馆CIP数据核字（2022）第073857号

书　　名：道法自然：刘永行管理思想探究
书　　号：ISBN 978-7-5164-2604-3
作　　者：高小玲
责任编辑：尤　颖　宋可力
出版发行：企业管理出版社
经　　销：新华书店
地　　址：北京市海淀区紫竹院南路17号　　邮　　编：100048
网　　址：http://www.emph.cn　　电子信箱：emph001@163.com
电　　话：编辑部（010）68701638　　发行部（010）68701816
印　　刷：河北宝昌佳彩印刷有限公司
版　　次：2022年5月第1版
印　　次：2022年5月第1次印刷
开　　本：710mm × 1000mm　1/16
印　　张：13.5印张
字　　数：175千字
定　　价：58.00元

改变世界
中国杰出企业家研究系列丛书

丛书总序

在中国现代化进程中，企业家是处于改革开放最前列的一个重要群体。他们率先感受到市场经济大潮和全球化竞争的严峻，以自己的智慧和胆识，带领日益强大的中国企业在世界舞台上一展身手，用自己的思想和行动改变着这个社会，改变着这个世界。

1911年，管理学发展史上的奠基之作《科学管理原理》（*The Principles of Scientific Management*）出版发行，标志着管理学作为一门学科的诞生，它使管理从一种简单的实务行为上升为一门科学理论。在此后约100年中，管理学领域几乎是西方世界一统天下。以美国管理学者为代表的西方管理学界，创造了诸多管理学理论和方法，为管理学科做出了巨大贡献。这一贡献虽然功不可没，有其一定的历史合理性，但也存在诸多缺陷。因为管理除了有其科学属性，还具备文化属性。管理思想和行为不仅是一种科学，同时也是一种文化。在多元的世界文化体系中，不能只有一种声音。

管理的文化属性主要体现在两个方面。

第一，管理是一种文化的积累，任何一个国家或组织的管理理论和管理方式都非凭空产生，都有一个文化延续和发展的过程。当今的任何一种管理思想都有先前文化成果的积淀。

第二，现实组织中采用的任何管理方法或手段，无不受到该组织所赖以存在的社会文化环境影响，因而会留下深刻的社会文化烙印。任何组织都是社会的一个细胞，组织的生存、发展不能脱离社会大环境，再好的管理思想和方法，只有在适合它的社会和文化环境中，才能发挥有效作用。这也充分体现出管理活动和思想有其文化依存性。就这一点而言，任何管理活动都不能忽视文化的作用，不能忽视管理者及组织的文化差异性。

既然我们承认管理是一种文化，管理活动有其客观的文化依存性，管理的有效性要充分考虑管理者和被管理者及所在组织的社会文化情境，那么，我们就既要承认西方管理学思想有其重要的科学性和规范性，在企业发展过程中起着非常重要的作用，呈现出其独特魅力；同时也要认识到，东方社会和组织虽然表现形式不同，但也应当在实践中总结、概括和提炼出自己独特的管理思想。我们应当看到，长期以来，东方社会的企业管理中也一定存在一系列发挥着卓有成效作用的、独特的管理思想。

本丛书的撰写、出版正是基于这样一个目的。

2014 年秋，由复旦管理学奖励基金会联合上海第一财经传媒有限公司、复旦大学东方管理研究院，隆重启动了“改变世界：中国杰出企业家管理思想访谈录”项目。该项目计划用 5 年时间，访谈 50 位优秀的中国杰出企业家。这些企业家在中国改革开放大潮中，投身于社会主义市场经济的汪洋大海，奋力拼搏，砥砺前行，用自己的智慧、毅力和辛劳，为中国经济和社会发展做出了巨大贡献，同时也产生了丰富的管理思想。

在该项目的实施过程中，我们希望认真了解每一位杰出企业家精彩的管理实践，深入剖析其深邃的管理思想，系统总结其独树一帜的管理理论。该项目的主要成果有四个。一是将每一季访谈企业家的对话实录汇编成书，命名为《改变世界：中国杰出企业家管理思想精粹》，目前已经出版 6 本简体字版，并在中国台湾出版 2 本繁体字版，该书原汁原味地反映企业家的管理理念和思想。二是拍摄、制作并发行企业家电视系列专题片，通过第一财经电视频道及腾讯视频等媒体平台向全社会播出，截至 2021 年 12 月，已经播出 45 集。三是如今呈现在读者面前的“改变世界：中国杰出企业家研究系列丛书”。我们组建了由全国多所大学管理学教授、博士领衔的多支一对一研究团队。研究团队在访谈之前认真研读相关资料，撰写出企业大事记和对企业家详细的访谈提纲。同时，深入企业调研访谈，认真研读各项素材，并广泛搜集关于该企业的各种资料，在此基础上与团队合作，反复研究、提炼和聚焦企业最核心，同时又最具有东方特色的管理思想和智慧，数易其稿，提供给读者一份基于丰富实践和成功经验的具有东方特色管理思想的盛宴，为世界管理学贡献中国智慧。四是我们结合访谈研究，撰写了多篇管理学案例。

诚如生物需要有多样性一样，管理学的发展同样需要多视角的研究。只有打破西方管理学理论一统天下的局面，管理学才能获得健康发展。而经历40多年改革开放历程的中国企业，也迫切需要在契合中国企业实际的管理学理论引领下，以更加科学和实事求是的态度，认真思考和探讨东西方管理思想的融合，并有效指导企业的管理实践。

中国企业正以其日新月异的新姿态，昂首阔步走向世界经济舞台。愿我们的工作，为中国企业助力，为中国管理学发展助力。

教授　博士生导师　丛书主编
复旦大学东方管理研究院院长
中国企业管理研究会副会长
2021年冬　于复旦大学

前　言

20世纪70年代末，改革开放点燃了广大民众的创业热情，在中国经济改革的故事中，民营企业家的故事一直备受关注。1978年，家庭联产承包责任制的实行将农民从生产队和公社的体制下解放了出来，农民有了更自由的发展空间。这一年国家正式宣布解禁农村工商业，商业和私营企业很快重返农村，农业边缘革命和农村工业化革命在中国农村同时上演。中国农民和城市居民迅速将他们获得的经济自由转化为企业家精神，冲破重重制度藩篱，胼手胝足、筚路蓝缕地在通往未来之路上探索。一大批民营企业和民营企业家的崛起是改革开放经济生机蓬勃的亮点。刘永行的创业历程映射的是整个中国自改革开放以来的巨大变迁，是私营经济不断发展壮大的体现。私营经济在中国市场化经济转型中厥功至伟，是推动工业化、城市化和外向型加工业的重要载体，现今在新型重工业化道路上也迈出了坚实的步伐。

很多民营企业家天生敏锐，具有根据市场需求进行生产，对不断变化的市场机遇做出迅速反应的睿智。他们充满活力、不甘沉浮、搏击潮头。他们既显得雄心勃勃，但又不盲目和冲动，进入某个行业不仅获取了丰厚利润，还对企业运作规律和产业演进法则有着深刻的领悟。

回首刘永行的创业轨迹不难发现，他具有惊人的精确把握时局和精准捕捉商业机会的能力。同时，他也对“机遇”与“能力”的界限有清晰的认识，如同他近乎偏执地恪守“不融资、不贷款、不上市”的三不原则，都是为了防止错把时机当成自己能力，以免企业陷入万劫不复的境地。刘永行初期去农村养鹌鹑，后来向饲料工业战略转移，再快速在全国布点，完成从“企业经营”到“经营企业”的转型，到多元化产业投资，再以第二主业为突破口，将火力发电与第一主业完美对接，进行产业链经营，继而在高度垄断的重化工业中潜行。其中每一步无不闪耀着企业家杰出的智慧，镌刻着时代的印记。

在这激进与保守的步步跳跃中，刘永行和他领导的企业如静水深流，逐步确立了自己在中国民营大军中的领先地位。甚至在经济最萧条的 2008 年，刘永行获封新一届的中国首富，净资产达到 204 亿元。他的企业在经营中屡遭挫折和失败，却一直在成长，走出了一条以农业、轻工业完成积累，然后依托积累从劳动密集型产业过渡到资本密集型产业的发展曲线，成为世界级农业和重化工业的原料供应商。他的成绩向世界展示了中国改革开放的成果。

历史的车轮行至2021年，当时最鲜明的特征是急剧变革，行政管制和垄断局面逐渐松动，产业领先者更迭加速，企业的生命周期日益缩短，企业竞争演化成为商业生态系统之争。互联网信息技术革新更是颠覆了商业价值创造的逻辑和载体，工业经济时代企业制胜的很多重要元素逐渐消亡，以规模化、标准化为主的制造业和生产企业正在遭受新一轮技术变革的巨大冲击。变革和冲击往往会给商业带来新的机会，伴随着互联网成长起来的商业大鳄们的商业版图呈几何级数扩张，互联网催生的新贵们发展势头方兴未艾，虚拟经济来势汹涌，阿里巴巴、腾讯、京东、小米集团跻身并稳居世界500强榜单，金融业成为中国上榜企业分布最多的行业。彼得·蒂尔和布莱克·马斯特斯认为金融等同于“不明确思想的集中体现”，在金融化世界的循环中，人们不知道拿钱在实体经济中做什么，而是喜欢无限的可选择性。

与国内房地产、金融和互联网企业蓬勃发展形成鲜明反差的是制造业实体经济发展疲软。2021年，自4月以来中国制造业采购经理指数持续下降，9月和10月该指数跌至荣枯线以下，直到11月才回升到50.1。中国在世纪之初掀起“重型化运动”时进军上游垄断行业的民营企业几乎全军覆没，海尔、联想、科龙、格力等传统制造企业都进入了成长突围期。曾经赖以战胜国际竞争对手的成本控制能力、人口红利优势逐渐丧失，外资巨头的制造工厂纷纷关闭、转移，中国全球制造中心的地位面临其他新兴市场经济体的严峻挑战。

全球范围内四次大规模的制造业迁移历史显示，技术创新和产业升级是大迁移的真正动力。以移动互联网、大数据、云计算、新能源等技术革新引领的新兴产业方能带领全球走出经济困局，只有技术才能够带来稳定和持久的利润。不过，这个时代技术的更新速度很快，但我们发现经济效率反而下滑，全要素生产率下降，也越发让人担忧企业增长难以为继。21 世纪初，美国管理学家吉姆·柯林斯和杰里·波勒斯解读欧美制造型公司历经数年而不坠的秘诀，是在于破除了 12 个广为接受的“迷思”，他们的著作《基业长青》曾一时风靡全球，足可见大众对企业永续经营的向往。中国传统制造业尤其是重化工业在全球经济低迷的背景下也早已入冬，产能严重过剩，产品价格断崖式下跌，全行业大面积亏损。以电解铝行业为例，2011—2016 年全行业基本处于亏损局面，其中 2014—2015 年为“寒冬期”，吨铝最大亏损达到 2300 元，直至 2016 年 2 月后才有所回暖。2016 年年初，刘永行在三亚慧谷家族论坛上欢呼“重工业春天来了”。事实上，“春天”从未远离过刘永行领导下的企业。对于刘永行而言，这是最坏的时代，也是最好的时代。产业环境往往最能考验企业。刘永行的东方希望集团犹如穿越经济周期的“沙漠玫瑰”，在全球经济处于低谷时逆势稳健增长，连续 35 年无亏损，年净利润达数十亿元。2016 年，东方希望集团电解铝年人均劳动效率达到 650 吨，超越加拿大，成为世界第一。东方希望集团的实践堪称新兴市场经济国家民营企业突围的教科书。

在创业的过程中，刘永行潜心制造、笃定专一，从未动摇，没有迷失在对财富和权力的追求中。他对做实业近乎“痴迷”，养成了两个习惯：每到一家饲料厂，必定亲口尝一尝饲料；一到会客室，就要亲手将那面黄丝巾揭开，弹弹灰，看看铝块，再盖上。艾伯特·赫希曼在其经典著作《经济发展战略》中指出，欠发达国家最稀缺的东西并非资本，也不是所谓的“中产阶级”，而是企业家精神。企业家群体是中国经济建设和发展的中坚力量。刘永行是我国改革开放后第一代民营企业家，其管理以稳健、务实、注重精益见长，资产从1000元到700亿元，也是从饲料业到重工业两次创业成功的实业家。在企业被互联网洪流裹挟向前的当下，坚守在制造业的企业家们溯流而上，真正探寻管理真谛和未来趋势，是国家最稀缺的一批人。我们应该关注像刘永行这样的实业家们——这些传统行业的引领者。刘永行和他的东方希望集团在边远贫困地区、在瀚海戈壁落地建成一个又一个循环经济项目，坚持绿色循环发展，积极践行产业报国、实业报国。东方希望集团的成长历史告诉我们，中国有可能从全球产业链分工的底层向处于上游的分工领域推进，通过数十年的时间，完成了从加工制造到中间品生产、再到进入高端研发与自主创新的转型。中国要想成为世界制造与创新大国，需要更多的工匠。

一个企业能在喧嚣的时代既不亢奋，又能始终领先，一定是有管理创新的不断驱动，没有哪一项管理的突破能取得永久的竞争收益，企业无法仅仅凭某个创新就一直保持昌盛。正如亚德里安·斯莱沃斯基在《发现利润区》中所阐述的，“市场在不断变化，企业所在行业的利润来源区也不停在变，企业必须随着利润区的变化而改变自己的企业设计和盈利模式”。当今全球制造格局正在发生巨大变革，美国推出“再工业化”“制造业复兴”战略，德国实施“工业4.0”计划，日本提出工业“再兴战略”，法国准备重振“新工业法国”，中国发布《中国制造2025》行动纲领，群雄逐鹿现代制造市场。人工智能、区块链、云计算和大数据等技术正在赋能和加持传统产业，产业周期的迭代加速，中国的制造业需要开辟出新的价值与增长源泉。中国的实业家们正在重塑商业，引领管理方法、商业模型和客户服务等的创新，担当世界范围内的领导者。

东方希望集团在漫长的岁月中依然存在，不仅为中国的传统制造业投下了一线曙光，其作为成功的企业家和创新者的“成长公司”，剖析它突破重重困难最终取得成功的特定方式，也将有益于成熟企业和新兴企业的共同繁荣。2016 年 9 月 13 日正值新疆古尔邦节，早上八点我随同复旦大学东方研究院苏勇教授和第一财经秦朔老师团队一行，在乌鲁木齐西北石油大厦一楼大厅正式见到了刘永行先生和他的助理杨总。当时，刘先生穿着休闲，从外表看，不是高山仰止，亦非渊渟岳峙，和光同尘又不失严谨；杨总手里拿着一套西服，为访谈录播备用。刘先生与秦老师相识多年，与苏老师也算旧识，两人曾经共同出席民营企业峰会。在从乌鲁木齐驱车去五彩湾的 280 千米的路程中，刘先生沿途带领我们参观了蓄水能力有 5000 万立方米的准东水库、绵延 30 千米的输煤长廊、年产量 3000 万吨的五彩湾露天煤矿等东方希望集团赖以发展的资源宝库。进入位于吉木萨尔县的东方希望集团新疆新铝管理片区后，我们一路风行，亲历刘先生在热电运行一部控制室、电解铝车间、铝锭铸造车间、废料回收仓储地、阳极碳素车间、环保砖车间的现场办公，亲睹第一财经电视专访刘永行现场，也有幸访谈到新铝管理片区曹勇、唐毓新两位片区总经理。

访谈刘永行和他的高管团队，解读创始人管理思想的精髓，解密其企业基业长青的基因，将为传统制造企业价值创造与传递提供借鉴，也能为现今“大众创业，万众创新”浪潮下拥有激情与梦想的创业者提供启示。

目　　录

第一章

“众妙之门”：道法自然

近年来，硅谷传奇投资家彼得·蒂尔开启商业与未来秘密的《从0到1》一书大热，被创业者奉为圭臬。他在书中揭示了一个规律：成功人士总是能在意想不到的地方发现价值，他们并无秘籍，只不过是遵循基本原则。刘永行在领导东方希望集团（以下简称东方希望）做大做强的过程中没有跌倒过，更没有摔过大跟头，被誉为“稳健之魅”。他在经营中注重“中学为体，西学为用”，视台湾“经营之神”王永庆为榜样并研究学习。如果说王永庆以一部《大学》管理“台塑”（台塑集团），刘永行则是以一部《道德经》立东方希望。《道德经》的精髓是道法自然，宇宙天地间万事万物均效法或遵循“道”的自然而然规律。这个规律不可违背，也不可能被违背。刘永行有着强大的商业驾驭能力、敏锐的产业洞见，似乎一直在尝试别人从未想做的重要事情，但他始终恪守“顺势、明道、习术”的核心观念。顺应法则是他做事业的最高哲学，也是其管理企业在经济困局中逆势增长、跨越数十年而不坠的“心法”。

观念就是第一生产力

与大多数欧美基业长青企业相同，刘永行在创业初期并没有伟大的构想。他单纯地为了解决自己的温饱、贫困问题，不甘被庸常的生活所埋没。他起步时经历三次失败，举步维艰。在做企业的过程中，他逐步产生了事业感，开始不安于现状，专心致志建构一种大而持久的制度，使企业的低维时空生存方式变为高维时空生存方式。刘永行曾经自嘲是擅长做透“笨事”的手艺人型企业家。这个“笨事”就是最低限度地向大自然索取、多问几个为什么、探索企业经营中的自然规律，最终用简单的方法去解决问题，这也正是刘永行经营的“众妙之门”。东方希望为这一核心理念所指引，驱动所有不属于核心理念的东西不断变化和进步。刘永行反反复复、不遗余力地向员工们灌输这些简单、朴素的理念，在潜移默化中把个人的愿望变成全体员工共同的理想，深入每个员工的灵魂。如今的新铝管理片区产业循环园是全面贯彻刘永行经营理念和管理思想的缩影。

综观刘永行的奋斗历程，民营与国营、企业经营与宏观调控、人与自然、产业链的协同整合等价值观的冲突与斗争，都对其理念体系形成了一个综合性及多维度的考验和冲击。这注定了在不同历史阶段需要通过经验和知识的积累，成功凝练出企业的经营哲学，推动企业持续升级，如此，企业才能真正经受起历史的考验。企业创业伊始，刘永行经营的原理原则也从最初的“让利”到“三让”，演进到后来的价值观、投资观、管理观，直至今天以“哲理观念”为核心的四大观念。“顺势却不随流，明道而非常路，习术要善修正”是产生于其经验和实践的哲学。在这些哲学原理的指导下，企业能认清楚“势”，做到把握机遇、以变求生，也不会盲目去追社会热潮。刘永行强调保持谦虚，不自卑、不自傲，顺应大自然的规律又不随波逐流，英雄基因与保守基因要共生共存，这是第一个层面，不允许犯错误。第二个层面是明道。道是方向，是工业路线。在刘永行的哲理观念中“势”“道”是指正确的观念，等同于战略和战术，具有一定的虚拟性。把正确的事情及时落实到位是企业的“术”，在这个层面要善于及时修正，持续改善。“术”是指正确的措施，等同于战役与战斗，有了正确的观念和措施，就要分解、落实到小数据上。在整个过程中坚持去奢去泰、简单实用的原则，专注地做好自己的事，严谨、细致、精密的专业精神方能成就事业。

·顺势而为，快人半步

东方希望的成功真实映射了符合市场和企业的普遍规律才是企业发展的根本保障。刘永行的顺势就是企业顺应大自然规律、科学规律、经济规律、人文规律，但绝不能死守原理或者随波逐流。企业能顺势做大的时候，就要顺势而为。当企业秉承正确的观念，主动改变自己的势，敢于作为，才能不被“众势”所束缚。“势”是规律性、战略性和格局性的东西，这个基础稳如磐石、长期不变，不会随时代潮流异动。只要持有正确的哲学观念，不管出现什么潮流，都能做出正确判断。在正确的“势”指导下的行为，只要下定决心就一定会做好。在合适的时机选择正确的行业和合适的发展方式，即使会蒙受一时的损失，后面也必有回报，而且可以避免大错。有没有这种哲学观念是事业成功与否的分水岭。刘永行做事业先看大“势”，东方希望从20世纪80年代的微型企业，到90年代规模化发展，在新纪元实施多元化发展，进入大型企业集团行列，企业的成长壮大历程始终与国家发展进程保持同步。当然，他看的大“势”，不仅是指宏观政策走向或者行业景气程度，而且还包括产业发展规律、市场、需求和客户。在他看来，产业形势严峻时期，高速增长下掩盖的矛盾就会显露出来，优胜劣汰的自然法则越能发挥作用，优秀的企业越能够脱颖而出。创新不分行业和地区，哪里都能创新，关键看自己怎么做。对于中国成为全球制造业的大工厂，刘永行认为，生产中心从高成本转移至低成本的地方，这是经济规律。中国企业有机会近距离观察行业内的先进技术和管理方法，可以得到很多启发，甚至可以“搭便车”，使用他们培养的熟练工人和技术人员。

创新是控制风险最好的办法，刘永行总是比别人早认识到问题的存在，发现市场的变化，提早洞悉“发财的良策”，他似乎有着异于常人的敏锐洞察力。早在 1995 年，外资企业在中国饲料市场一枝独秀，几乎所有的民营企业、国有企业都在改制。刘永行意识到千禧年是个重要的时间节点，必须在这之前，在行业高速成长期内在全国建完饲料厂，之后不能再建。刘氏兄弟决定分家，分头行动，结果在全国布点 200 多家工厂。对于饲料厂建设完成后企业到底怎么发展，他也早已提前规划，把业务拓展到与饲料相关的新产业，进行多元化发展，形成新老产业协同效应。这一产业构想源于国内饲料行业的现实需要。饲料生产需要大量的氨基酸原料，而当时氨基酸生产技术都掌控在国外几个大公司手中，国内企业需要从国外进口。1995 年，刘永行成立氨基酸研究室，开始了长达六年的研发工作。他筹划通过氨基酸生产联结饲料业务和电厂，既解决环保问题，又能充分利用热能，极大地降低成本。这样提前筹谋，步步为营，帮助东方希望避免了多元化的陷阱。

1999 年，东方希望总部从成都迁至上海，被认为是企业从传统走向现代、走向国际的标志。其实，早在 1992 年，刘永行在报纸上读到一则消息，即上海宣布取消饲料凭票供应制度，第二年他的饲料厂就在上海开张。历经五年，刘永行体验到了上海的发展速度。1997 年，上海致力于推行“总部策略”，正式对刘永行发出了邀请。刘永行顺势挥师东进，并且马上收获了两份大礼，一份是韩国上亿元人民币的饲料大单，一份是参股上海本土国企光明乳业的机会。

· 敏锐的产业洞见力

刘永行“快人半步”的敏锐帮助东方希望在2008年金融危机中成功避险，业务没有受到太大影响，他个人也得以登顶当年的福布斯中国富豪榜。他从举办奥运赛事、烧碱供应“排长队”的现象中嗅到了经济发展形势转换的先机，采取了控制投资、减少原材料、去库存快速回款的措施，渡过了危机。

刘永行根据摩天大楼指数规律预测，2008年奥运会完成之后，经济会经历低谷，经济放缓对原材料的需求下降，原材料价格一定会下跌。为此，在奥运会期间，他放弃去现场观摩赛事的机会，在集团上下发了很多文件，要求各个公司从饲料开始减少原材料储备。东方希望在奥运会期间提前三个月把从饲料业到重工业的原料都压低到生产几乎要断流，把饲料的库存从当时的三个月压缩到金融危机爆发时最低库存七天。重工业业务也是一样，东方希望在原材料价格没有跌到足够低之前，把库存压低到极致。仅饲料一项，东方希望就减少了几亿元的损失，在重工业原材料下降过程中减少了几十亿元的损失，企业增强了抗风险能力。

刘永行对产业大趋势的洞见来自对细节的观察。奥运会过后，他现场检查时发现了三门峡氧化铝厂供应烧碱“排长队”的现象。这个厂平常一天收烧碱3000吨，现在猛增到9000吨。他要求总经理一定要减少采购，并马上把收购烧碱的价格从每吨3100元调整到2500元，直到第五天才有供应商答应接受这个价格。在他看来，重化工的关键是企业家的决策、技术、规模、能耗、劳动效率和运输是不是行业里最先进的，企业有没有准备足够的资金。东方希望要求各个项目的综合竞争力一定要挤进行业前三，而不是规模前三，这样即便危机来了也能安全度过。在宏观经济放缓时，企业就要开始压库存，饲料业和重工业都是这个规律。东方希望压低库存的措施有两重含义：一是压缩原料库存，预计原料跌价，就要提前处理掉库存；二是提前卖掉企业产成品，如果还没有生产出来就卖掉订单，把预售款收回来，跌价的时候就不会产生损失。对于经济走势的判断，刘永行认为，经济调整具有滞后效应。经济作为一个大系统，国际、国内因素交互影响，重化工业与轻工业、高端产品与低端产品之间差异巨大等所有下行的特征都反映出来时，企业再应对就已经太迟了。他的经验是去露天的农贸市场看看，蔬菜作为最终端的产品，其价格直接反映了经济形势。他也依据我国新型城镇化的进程，判定中西部地区新型城镇化建设将带来长期稳定的市场需求，于是他把重化工业纷纷布局在中西部的沙漠、戈壁或高山上。

企业家顺势而为，平衡追求、创造、创新与安全、效益、可持续发展之间的关系时有两个关键点：一是无论企业家还是普通员工，都要正确认识自己的能力，避免过高估计自己的能力，也不要低估自己通过努力不断学习成长、开发潜能的未来5年甚至是10年的能力；二是规避风险，敬畏不熟悉的未知领域，只做自己最擅长的事情，做之前需要去提高认知水平，先做小实验、参观考察、请教专家，进行能力积累。这两条规律对创业者也同样适用，未来虽有很多不确定性，但能不断提供新的机会，因此，在创业准备还不充分的时候，应该先把创业冲动埋在心中，积累能量，等待机会。

· 明道而非常路是有界限的

刘永行阐释明道的观念是，大家走的路我不去走，大家常规的做法我跟他们不太一样，方向都摆上来，你只要明白就行了。对于创业者个人而言，“明道”

首先意味着反思自己是否适合创业，即能不能为社会创造价值而有效努力，然后是自己选择做什么、是否做好了准备。选择了创业这条路后，接下来就是坚持、长期的坚持。“道”并非“路”，企业要明确自己的方向和道路，这两者做好后就是集中精力做事了。东方希望走了一条非传统的路线，在急剧的社会变革中，形成了独特的企业投资、积累资金、扩张企业规模、为消费者服务、培养管理人员、与国家发展同步成长的发展方式。刘永行进入重化工业的首个项目落地山东，初衷是通过投资一个失败风险处于企业承受范围之内、能够快速回收成本的中小型项目，为企业做10年到20年超前的产业布局。后来，东方希望的氧化铝建设在河南、陕西，电解铝和发电厂设在包头和山西，这都是刘永行研究世界产业转移与中国经济发展规律后选择的企业发展“非常路”。

传统企业做氧化铝同样的产能需要占地一万多亩，需用一万多人，但东方希望只用一千多亩土地，采用现代化技术，人减少了90%；并且通过考察世界上最大的氧化铝生产国——澳大利亚，把贯彻露天化、集约化、自动化、少人化、电脑化等理念的操作方案具体化。在东方希望包头稀土铝业有限责任公司（以下简称包头希铝公司），煤电产生的热蒸汽被用来生产赖氨酸，包头希铝公司从德国引进六条由机器人操作的全自动建筑用砖生产线，利用电厂的煤灰和电石的废渣，年产标砖三亿块。包头希铝公司不仅消除了生产中的污染，还用市场手段使红砖的价格从0.45元降至0.15元，保护了土地资源，也为企业带来了实际效益。包头和鄂尔多斯80%的市政建设都用东方希望的粉煤灰机制砖。事实上，包头的四个产业园区内全部实现了能源、各种原材料和水、废物的多层次循环综合利用。另外，刘永行的海外扩张早期布局主要考虑国家之间的文化相通性，都是围绕文化上相互比较容易理解的越南、柬埔寨和新加坡等周边东南亚国家展开的，并一以贯之地复制国内建设的成功模式，以饲料厂建设作为国际化先锋。东方希望培养管理人员的方式也别具一格，其重化工业项目的管理者大都是从饲料行业中培养出来的，他们中有驾驶员、销售员甚至是炊事员。东方希望通过数十年的努力，将他们从最普通的一线工作人员培育成掌管几十亿元乃至上百亿元资产的管理人员。他们与企业同步成长，企业提供平台，帮助他们建立正确的观念，而他们的努力又带动了员工，创造了企业辉煌，他们个人的收入也从原来的几千元上升到年薪百万元。企业里这种架构的存在可以帮助员工实现人生的最大价值。

重化工业的下一个阶段就是具有全世界最先进的、劳动效率最高的、资源组合最好的、环保最好的、顶尖的重化工厂。当下中国重工业已经进入利用市场解决问题的时期，企业竞争将日益激烈。在成熟饱和产业中，企业的关键转向是降本增效，聚焦到抓细节、抓基础，从每一个员工、每一个岗位抓起，深入“啃骨头”阶段。也就是刘永行所说的“习术”问题，将正确的事情以正确的方式贯彻始终。“习术”就是练习手艺，不怕出错，但是一定要善于修正。其中的“善”有快、正确的含义，“修正”则要求“精准瞄准目标”，不但有预设、测量，还有追踪和修正。

·价值观念在生死关头起到至关重要的指路作用

企业要做百年老店的核心问题是最高领导人如何使基于其观念和行为模式形成的价值观深入员工的内心，让每一个员工都认同你的价值观，也就是你的价值观变成了企业的价值观、员工的价值观。那么，这个价值观就可以支撑企业的发展，大家都按照同样的模式来做，企业就可以持续保持健康和平稳增长。刘永行要求员工一定要认同东方希望的价值观念，全部认同的，一定会成功，如果违背了哪一条就注定要失败，所以价值观念要天天讲、月月讲、年年讲。共同的价值观会带来沟通成本和管理成本显而易见的下降，让自下而上地做事成为可能。正是长期坚持并执行“顺势、明道、习术”的价值观，东方希望才得以稳健发展。

刘永行经营理念展现出追求进步的强大动力。他在企业发展成为大型生产贸易集团公司后，结合产业实践和中国文化特性，将创业初期“以好为基础、以快为要求、以省为标准”的投资观念修订为“既好，又快；还要消除一切形式的浪费”。他推崇框架型地用好投资观念，“好”是前提，“快”和“消除一切形式的浪费”是手段。“好”主要表现在对大自然规律的顺应上，体现在技术先进和产品的优质上，还体现在对一切资源的低消耗上。“好”要经得起时间的检验，还要防止在追求“好”时走向极端，一是消除“‘贵的、大的、进口的’就一定是‘好的’”的片面想法；二是防止采用低质、低价品。在他看来，消费者能决定企业的存亡，企业倒闭的根源在于被消费者抛弃。后者又起因于企业不能提供消费者需要的东西或者有价值的东西。同样的产品、价值、价格，如果产品价格和质量不能满足消费者“付出少一点、得到多一点”的价值观，那么企业的产品就无法得到消费者的认可。企业不可能只凭一点胆量、规模、宣传、广告就能获得市场，只有满足消费者的价值观，企业才能生存下去。这个绝非一蹴而就的事，需要 10 年、30 年甚至更长时间的积累。刘永行把消费者的价值观融入企业价值观和个人的价值观中，把别人的利益放在首位，凝练出“在其中、随其后、随之而来”的观念，最终使企业走向成功。“在其中、随其后、随之而来”是指为消费者付出多一点、贡献多一点，在为消费者服务的过程中，去努力为消费者创造价值，消费者才会选择你，你将来必会获得回报。

东方希望价值观中的第一条是“诚信、正气、正义”，这也是集团价值观念的核心和出发点。作为社会中的一员，企业应该有正义感。正义是做人的基础，也是企业发展的基础。企业在商业中珍视信誉、担当社会责任、扶持社会公正，才能赢得社会尊重。团队里面的每一个人都培养正气感、讲正气的话，消极的东西就没有生存之地。团队有良好的工作氛围也更便于激发大家的潜能。

东方希望价值观中的第二条是“榜样、教师、教练”。这个价值观强调人的社会性，要求管理者能帮助和影响他人成长。衡量好的管理者的标准之一，就是看他是否不断地帮助身边的人成长，使下属与他同样优秀。要当好领袖，在指挥一个团队工作，严格要求他人把事情做好之前，自己首先要做好。管理者不应该用权力去惩罚人、威胁人，而应用榜样引导人。榜样的行为必须让人看得见、听得见才有效果，管理者还必须当好教师和教练。教师的任务是帮助他人成长，这个过程中管理者自己的能力也会得到提升。教练则要按照法律、制度，以及相关规范进行操作，东方希望就是按照《标准管理》来操作的。

东方希望价值观中的第三条是“事事追求点点滴滴的合理化”。这是精益求精管理工作的根本，用“这样做真的好吗”“有没有更好的方法”的眼光去审视工作，工厂会有无限的改进空间。企业的每一项工作必须尊重事实、科学原理和人的本性，不合理就要想办法纠正过来。“事事”和“点点滴滴”这两个修饰词是指追求没有遗漏的、深层次的合理化，哪怕是微不足道，也必须不断地改良、改善。如果企业天天钻研创新精进，就会孕育巨大飞跃，就不会浪费资源、污染环境，企业的竞争力就会越来越强。思维的力量能够大大拓展人们的可能性。如果你祈愿要成就某件事，你就要把它变成强烈的愿望，一直思索到你能形成清晰的、符合逻辑的印象为止。

东方希望价值观中的第四条是“竭尽全力创造企业的相对优势”。相对优势本质上是指“顺势”和“明道”，更多用于指导投资、建厂、技术开发和满足消费需求，主要反映在领导管理、时间管理、标准管理等具体管理工作上。东方希望重庆水泥有限公司从建厂时的理念、设计、选址到设备选型等，都对企业的相对优势进行了充分的论证。企业只有创造相对优势，才能制定相应的企业商业模式，迈出企业成功的第一步。创造相对优势，通常从投资建厂时开始，在效率上和满足市场需求上就建立相对优势。投资要比别的企业省，建设质量过硬，建设速度比别人快，机器设备设计用人少，劳动效率高，不走老路，这些就是走近成功的秘诀。企业追求相对优势，就是努力地提高工作效率，消除一切形式的浪费，保证产品质量，提升公司的竞争力，使消费者在付出相同成本的同时，从企业这里获得更多的价值和服务。“在其中、随其后，随之而来”，相应地，企业能够收获经济收入、能力的增长、社会影响力的提高、对社会的贡献增加及受到社会的尊重等。通常，饲料行业建设一个工厂需要一年左右的时间，但东方希望的标准时间为三个月，因而在整个饲料行业利润率低至 1% 的情形下，东方希望的饲料利润率仍能够保持在 5% 的水平，是同行业平均水平的五倍。

·认知上的细微差异会导致结果的大相径庭

“道不同不相为谋”，观念不一样，关注点就不一样，做法就不一样，结果就大相径庭。每个企业要做好事业，在起步阶段就必须做好，基础没有打好的初创企业是无法发展的。创业伊始，首先要做的至关重要的决定是和谁一起做。创始人之间的了解程度和合作默契，与技术能力和才华互补同等重要。刘氏兄弟根据自己的特长挑选发展方向，顺其自然，往往一个晚上就能完成明晰企业产权的方案。刘氏兄弟从1995年分开之后，把事情做到极致，成就了各自的事业。东方希望1999年将总部从成都迁至上海时，正是上海地产业的启动期，这是一个很大诱惑，但刘永行认为自己更适合做实业，地产业不是他能干的，他把积累的资金投入到扎实做传统实业中去，别人不愿意做的他去做，也算是差异化战略。

刘永行曾经尝试与人合作钢厂项目进入重工业领域。重工业是资本密集、技术密集的产业，当时他通过集团的饲料业务积累了20亿元资本，决定在重化工产业里搏一把。他为此还设想了备选方案，如果重工业不成功，就要在饲料产业里抢夺市场。但最后他退出了这个钢厂项目，根源在于他与合作伙伴的意见分歧。刘永行觉得自己没有开过钢厂，建议完全用自己的资本、不要贷款，在一年内建一个年产300万吨的钢厂，然后再滚动建设第二期。这种谨慎的做法没有得到伙伴们的赞同，最后刘永行就选择了做“赖氨酸→热电→铝业”的独特道路。

东方希望现已成为高度多元化的企业，除饲料行业之外，已经在重化工业领域投资了氧化铝、电解铝、煤化工、石油化工、水泥及与之相配套的电力等多个产业。它的多元化很大程度是对客观环境的适应性战略，在国家对重化工行业实施宏观调控时，能够灵活调整布局。这其中的好处是全产业链都做，企业的能力增强了，业务增长点很多，总有机会发展。弊端是本来应该精益求精、更加专注，现在是做到一定程度又得研究其他的行业，分散了精力，培养人困难，成本加大。

正是遵循了道法自然的原则，在顺应大自然、经济、人文规律的基础上，东方希望实现了天道、地道与人道的内在一致性，内在思维方式追求崇高的道德和超越利润的使命感，自我与他者按照生物原理形成企业生命体，不同的产业领域与市场时空实现多维度对立中的统一，企业文化的同化力与涵化力呈现几何级数的增强。刘永行无论是在竞争激烈的饲料产业，还是在有着高壁垒的重化工业中都能无往不利，哪怕在经济最萧条的时候，仍能使企业稳健发展。

英雄与保守基因的平衡共生

正如《人类简史》作者赫拉利所描述的，想要了解人类的天性、历史和心理，就得想办法回到那些狩猎采集的祖先头脑里面，看看他们的想法。人类的各种社会和心理特征早从农业时代之前就已经开始形塑，英雄冲动与安全避险在人类的繁衍生息历程中早已深植于基因，而且一代代地遗传下来。这两种不同基因给人类设定好必要的行为模式，前者让人类的创造无远弗届，后者则让人行动谨慎、不做无谓牺牲。同时，人类的先驱们在狩猎过程中会遵循够吃且有一点剩余的法则，因为他们知道，围猎时间越长，生存的危险越大，受伤害的可能性呈几何级数增加。

刘永行第一次切身感受这个道理是在初三语文课上，当时老师用文言文“尚……何况……乎”造句，举例“四两尚不够，何况二两乎”：描述自己上大学时只有二两饭吃，上体育课跑不动，只能躲在城墙边晒太阳。刘永行感到这是极为重要的真理，人在困难的时候设法保存体力，对于人类生存到今天有着非常重要的意义。在远古时期，人类不知道明天还能不能找到猎物，身体多存储一些能量，可以在最困难的时候渡过难关。在人类进化的过程中，会有数不清的不安全因素信息存储到我们的基因组里，保守基因提醒我们要注意安全，躲避危险。英雄基因则让人有雄心勃勃的计划、战胜任何困难和不断进取的愿望。后来，刘永行研究《进化论》，发现狼、兔子、草之间存在着天然的平衡关系，狼要有激进基因，勇于去猎食兔子，但对资源（兔子）的索取采取审慎原则，吃饱了就不再去捕猎，如果无节制地猎取兔子，最终会导致自己的消亡。激进基因（要去吃兔子）与保守基因（不能将所有兔子都咬死）一定要结合在一起。反映在企业实践中，就是需要在这两种基因之间找到平衡点。对于创业者来说，一条黄金法则是：不急功近利，不要过高估计现在的能力，也不要过低估计自己主动追求，通过努力3年、5年、10年后的能力，关键是现在要生存下去，兼顾发展，反而容易成功。

现代社会最大的挑战是需要我们用智慧去解决问题，超出个人能力范畴时仰仗团队，团队无法解决时借助专家，不断寻找可以运用的资源，直到解决问题为止。只要动脑筋、去学习，想办法增长知识，相信自己、相信团队就能克服困难。

民营企业家的命运虽然深受制度、环境的影响，但更多地与企业家个人的性格和修养有极大的关系。企业家们反主流的行动大概就是在潮流中不丢弃自己的独立思考，用高调的人格来创立低调的制度。企业程序化、形式化与理性化操作的制度在其成熟时应该是不依靠英雄的，然而，缔造这样一种制度的过程需要英雄。刘永行经营企业一贯持“九分搏、一分赌”的心态，在大胆中兼有稳健，有一份知识分子的冷静。他在经营企业时把90%的精力放在遵循规律上，但也还准备赌，赌的心态和所花的精力坚守着不超过10%的底线。他是英雄激进和保守的矛盾综合体，在实践中一方面顺应内心、勇毅笃行，另一方面在战略推进上循序渐进。

在刘永行的经营理念中，无论是企业还是员工都需要唤醒其英雄基因。在生产中、经营中，尽可能使用英雄基因去开发自己的潜能，变不可能为可能，任何时候都从正面效应和负面效应双重视角来看待问题，遵循“付出多一点、贡献多一点”的法则，才能成为社会的强者。1980 年刘永行在春节期间为社会提供电器维修服务，用 10 天时间挣了 300 元，这相当于他当时一年的工资。在初尝成功甜头后，他开始了人生第一次创业，计划设立一家“新异电子有限公司”，用一个晚上的时间动员其母亲的学生集资 3000 多元。但是，他的注册申请最后没有获得批准，第一次创业无疾而终。1982 年，他在电子领域准备再出发，未果。在经历第三次创业失败后，刘氏兄弟辞去“铁饭碗”，从城市到农村，搞养殖业，种蔬菜、孵鸡，最终在养殖业中取得成功。2002 年，刘永行面对所有人的质疑，做出进入重化工业的“激进”决定。重化工业是需要高投入且存在垄断性的高风险行业，又通常是政府宏观调控的对象，刘永行的进入举动被称为“世纪豪赌”。最后，刘永行成功了。他后来坦言，进入重化工业时，他只是有感觉，但并不十分确定，怎么做不知道，就是一直感到内心有一种召唤，应该去做这样的事情。不过，他也相信，只要认真去做，在做的过程中研究它，一定能把它做好。为此，刘永行从 1992 年到 2002 年谋划了 10 年，寻找重化工业的切入口。

在进入重化工业以后，刘永行在包头建立了电解铝厂，成功破壁电解铝垄断行业后，又被迫闯入国企主导的氧化铝生产领域，在河南投产一个年产 200 多万吨的氧化铝厂，解决原料供应问题，并最终改变了上游市场垄断格局。其后，他在重庆投巨资打造千万吨级的水泥生产基地，忽而又懵懵懂懂地闯进石化行业，义无反顾地去矿山、沙漠发展重化工业循环经济，实现其商业梦想。刘永行在迈出向重工业发展的第一步时，整个产业恢宏的蓝图就已基本形成，他在多个相互连接的重化工行业扩张和整合，实行跳跃式发展，产业跨度之大、产业链条之长令人咂舌。即使在经济最困难的时期，他仍在大力投资，努力实现在五彩湾沙漠投资千亿元、交税百亿元、利润百亿元的愿景。刘永行对认定的方向和道路勇毅笃行，引领东方希望30多年来持续稳健增长，从零开始，做到了重化工业中数一数二的民营企业。

在中国，无论是摆脱旧体制枷锁束缚的改革之初，还是创造热情空前激发的当今互联网时代，民间从来不缺乏积极进取的创业英雄和时代豪杰。然而，过去的40多年里，一批批草创型的民营企业家和拥有高学历、接受过西方科学管理洗礼的创始人勇于选择跨越式成长的道路，败局却如同宿命般地一个个突然降临，无数巨型企业和平台轰然瓦解，中国企业的诸多神话在如云烟般消散的同时，也掀起了商业上的巨浪和革命。财经作家吴晓波用“解剖刀”和“显微镜”从中国19家企业大败局中提取了宝贵的“失败基因”，其中之一是企业失陷于企业家内心欲望的膨胀，是不可遏制的豪情赌性让他们以落败而终。理性成了新时代企业家最重要的生存法则，如何在勇于追求中尽可能地规避及消解所有的危机，是一个十分迫切且必要的命题。

就刘永行而言，尽管他对“内心的呼唤”达到“痴狂”的程度，坚信做重化工的目标一定能实现并奋勇前进，但并非一味地蛮干。他有强烈的危机意识，主张尽可能采用保守基因去规避危险，将构想转到具体实施计划时，会设想各种可能出现的风险，进行缜密的计划和精心的准备，其经营智慧类似松下幸之助的“水库式经营”。持续地、透彻地思考，将要实现的事业状态在头脑中呈现，思考推敲、反反复复，在这个过程中通向成功的道路会逐渐变得清晰，通常在事情还未发生前，就已经“看见了”它的结果。刘永行在业内业外素以“稳健”著称，他清楚民营企业进军上游垄断行业可能遭遇“玻璃门”现象，所以认为做企业不能犯大错，否则会被置于死地，由此行事需十分谨慎，发展要循序渐进。东方希望进入新产业一直坚持着谨慎原则。

第一，思考必达每个细节，行动前会采取保守措施。一个能存活百年的企业，至少要模拟不下二三十次的死亡情景。2002 年，包头希铝公司投资建厂时，刘永行就为这笔 100 亿元的投资做了八个预险方案：从国家政策到行业周期、从最好情况到最差行情，每种情景如何应对。重化工产业对技术要求很高，企业没什么经验，就不能贸然进入。他在谋划整整 10 年后才开始筹备，通过合作做中等规模的铝电一体化项目，来验证自己重化工业的设想，积累新产业中控制成本、引进先进技术、培养人才、提高效率的经验，又积累了六年资本后才躬身进入铝电行业。在 2009 年进入水泥行业之前，他已经做了六年准备。在煤化工领域，东方希望也探索了将近 10 年，并在重庆市和内蒙古自治区成功完成两个小型项目后，才在新疆维吾尔自治区大规模投资大型煤炭资源深加工和煤化工项目。他的每项战略决策都酝酿了相当长时间，包括对若干产业的考察，对资金、人才、技术的筹集和积累。

第二，必须有相应的实业基础。在进入重化工业早期，刘永行每开拓一个新的地区，就先用其老本行饲料厂打前站，借以摸清当地的资源组合、建设模式、政府需求倾向等情况，然后再投资规模化的工业项目。在建设包头大型铝电一体化项目前，东方希望包头饲料厂已经运行了将近六年。正是这种整体布局、分步实施的谨慎战略，这种适度的保守保持了东方希望生命的活力，从而使其熬过了宏观调控考验期和产能过剩带来的恶性竞争期，渡过了一个又一个危机。在包头希铝公司的项目中，所有资金都来源于东方希望内部，到一期、二期工程产生效益时，才考虑吸收外来投资，溢价出售部分股权。即使到了现在，刘永行仍坚持这一原则，大型项目采用边投产、边扩建的“滚动式开发”方式。扩大规模是刘永行持续的追求，但他有自己的选择方式，对于收购、兼并这一传统而容易的方式，刘永行非常谨慎，即使在发生国际金融危机的2008年，大量工厂濒临倒闭，以非常优厚的条件向东方希望求救，刘永行也没有心动。

第三，在财务上异常保守，有一分钱做一分事，对项目进行“滚动式发展”，化整为零、分期分批做，经营投资坚持第一期全部依靠自有资本金，进行严格的风险控制。一期投产后产生的现金流再滚动发展后期工程，宁愿牺牲一些速度来降低项目的风险。正是在资本上的谨慎保守，东方希望才得以在2004年的宏观调控风暴中避开了金融上的风险。之前有不少银行主动提供贷款，授信额度高达50亿元，但刘永行只是象征性地向银行贷款几亿元。结果，国家开始宏观调控，信贷紧缩，银行要收回贷款，东方希望有20亿元流动资金，饲料行业也是零负债，因此刘永行能及时归还银行贷款。如今，即使集团在新疆维吾尔自治区大规模新建项目，刘永行仍坚持在项目没投产之前都用自有资金，包头、三门峡和饲料项目不断给新疆维吾尔自治区的工厂输血。如果使用银行贷款，刘永行也是坚守“一元钱净资产只能贷款一元钱”的铁律，确保企业的发展在自己的掌控之中，而不刻意求快求大。正是因为这份财务上的极端保守，东方希望才得以一直保持民营企业的独立自主性，坚守自己的成长之路。

刘永行后来总结，这种用自有资金发展商业的保守可能源于他最初的创业经历。在20世纪80年代初的商业环境下，个体户根本贷不到款；在随后30多年的发展历程中，也就基本不依靠贷款，就靠最初那点小本钱滚起来。后来在发展重化工业初期的遭遇，更加强化了他“自己做”的观念。刘永行要投资200亿元去做氧化铝项目，由于投资巨大，他的家人、公司员工都对项目是否可以做成持怀疑态度，所以刘永行考虑过上市融资。但在当时的政策下这条路行不通，公司上市主体只能是饲料产业，以饲料业务募集来的资金去投资重化工业属于违规。期间，一些国际投资公司对刘永行的想法很赞赏，但由于更担心风险和能力，虽然签署了投资意向协议，但最终放弃了。刘永行只剩下自己做这一条路，再次被迫“自己做”对其形成保守的重化工业资金使用模式具有决定意义，也成就了后来的东方希望。正是刘永行的保守谨慎，东方希望在昂然进军上游垄断行业的民营企业几乎全军覆没的惨况下，仍能独遗于世，才得以引领东方希望穿越自2008年后的重工业萧条周期。

最低限度地向大自然索取

人类是自然的产物，是沧海一粟，我们的行为必须遵从大自然的规律，顺应自然法则。若我们对自己的定位不清楚，就容易在取得一点成绩的时候贪婪之心赤裸裸地凸显出来，支配自然的欲望不断膨胀，就会对大自然进行肆意破坏。如果过多地索取，就会遭到大自然的惩罚。人类不应成为生态的连环杀手，重化工业更不应该是生态系统的梦魇。

站在敬畏大自然的高度去做事业，才能充分利用大自然的力量，进而享受大自然的奖赏。刘永行始终奉其为企业发展和个人成功的圭臬，把尽可能减少对大自然的索取落实到行动中。在管理中追求“自然”，一是敬畏大自然，在浩瀚的大自然面前，人类渺若星辰。企业在成长发展过程中要战胜的是困难，而不是战天斗地，大自然的力量不可战胜，必须心怀敬畏。二是顺应大自然，按照人类多年研究积淀的科学原理，遵循大自然的规律行动。为了发展需要，对大自然索取坚持必要原则：必要时才索取，不必要时绝不索取，满足功能少索取。三是要读懂大自然的暗示，大自然形成的东西，特别是经过日积月累保留下来的，一定是真理，一定是美的。

刘永行将“知足”的生活方式付诸实践，节俭克己，不去追求超过自身需求的东西，牢牢掌握控制自身欲望的法门。刘永行是中国企业家群体中的另类，不懂高尔夫，也不懂生活雅趣，甚少参加各种财富论坛。他早年生活窘迫，形成了简单节俭的生活观念，即使时光转换，物质丰富，也不曾迷失。他衣着朴素、不喝酒、不抽烟，没有特别的嗜好，过着简单的生活。一次到北京出差住酒店，当刘永行夫妇来到一楼餐厅准备吃早餐，一看价目表上写着每位 88 元，他们退了出来，最后在街上买了几个 4 角钱一个的油饼。有一次，《福布斯》杂志来给刘永行拍照片，他当时就穿着从家乐福超市买回来的纯棉衬衫，一件 40 多元。刘永行有个观点，个人财富实质也是社会的财富，不过由个人支配而已，任何人都没有权力浪费。他常年在全国各地出差，没有购置私人飞机，甚至在 60 岁之前都不坐头等舱，除非购不到票。为了方便在飞机经济舱看书看报，他的秘书总是努力提前订票，获得紧急出口位置。他这样坚持了 30 年，这其中还有一个小故事。有一次，刘永行临时决定去北京，司机把他送到机场。买票时，售票员看了半天问，你是不是希望集团的刘永行，他点头说是。这个时候，她又问，买头等舱吧？他说，普通舱。当时，售票员小姐就嘀咕开了，普通舱，普普通通，哪有什么传奇色彩？刘永行以身示范，无形地传递给他的儿子、总裁，不要去腐化，不要去浪费，不要去追求奢华的理念。

企业经营中过度获取土地、银行贷款、投资也被刘永行视为是对大自然的过度索取。他的东方希望总部一直不显山、不露水地藏在商城路一栋普通的大厦里面，与上海浦东的高级写字楼相比，这里的设施显得有些陈旧、简陋。企业发展过程中他推崇不违背自然规律，不人为去破坏大自然，最低限度地向大自然索取，最低限度地占用社会资源。东方希望竭力保证员工的安全，将人的潜能充分地激发出来，按照“英雄基因理论”，把普通员工培养成优秀人才，帮助他们成就更大的事业。企业在技术工艺上精益求精、节能减排、不断创新，增强了竞争力，每年向国家缴税几十亿元。相应地，企业业务审批手续办理更快捷，银行不断注入资金，而且还获得了政府上亿元的奖励。

刘永行能做到项目投资少，得益于在设计之初就采用高技术，全面降低综合能耗。东方希望在项目建设中尽可能保护当地的自然生态，不去大挖，最低限度地修整自然地貌，只要满足企业基本需要就行；工厂建设从不填方，通常退 30 米或 50 米做绿化，来防止滑坡，向自己而非向大自然要土地；顺势而为，在节约建设用地的同时，充分利用高差势能降低能耗，节省运行成本。举例来说，东方希望的山西项目，工程师与设计院充分讨论顺山势而建的理念，大大降低了原先平整山坡的费用，节省了 1 亿元；重庆水泥生产基地的建设不占用良田，而选用沟坡地，最大规模减少平场，坚持根据地势特征建生产线，尽可能维持自然原貌。另外，对于妥善堆存氧化铝主要固体废弃物的赤泥库，公司进行闭库覆土和还田造地，并考虑结合农业板块，在赤泥库建造养殖场，不但可以利用重工业的剩余资源，还可以完美地解决环保问题。公司按照每天采购的矿石周转使用，不堆矿石山，同时将矿石储存至地下，恢复地面土层、绿化植被，做到环保、少占地。

扎根广阔无垠的新疆瀚海，打造生态循环产业互联网可以说是刘永行“最低限度地向大自然索取”理念的最佳注脚。大自然规律告诉我们，煤既然蕴藏在荒漠里，尽量就地转化，不要将能耗、资金大部分浪费在煤的运输上。企业不去倒腾，相应的能耗、污染、磨损、劳动力消耗均会减少，因此，刘永行选定地处天山与阿尔泰山之间的五彩湾戈壁滩布局产业。天山上有大量的雪水，政府修建蓄水坝，解决了沙漠中最重要的水资源问题。他顺势将工厂建在蓄水坝附近，山上周边的水自动流过来，几乎没有能耗。企业利用荒漠土地投资建厂，不占用耕地，属于国家政策鼓励范畴，同时沙漠中环保容量大，地域辽阔也便于规划大产业，使拉长产业链有足够空间。公司厂房一方面具有抵抗风沙的功能，工厂里面蒸发的水分又能够增加小气候的湿度，有利于自然生态的发展。

在重工业领域，孤零零地做一个产业往往竞争力不够，也伴随大量浪费。进入重化工业的 10 多年里，刘永行一直在摸索产业循环互联之路。产业链的上下游和中间产品一环套一环，上一个企业生产的产品作为下一个企业的原料，可以用于加工产品；上一个企业产品的废料是另一个企业的原料，可以综合利用废料。企业重型化伊始，刘永行就在山东聊城推进铝电一体化项目，到后来在内蒙古自治区的包头构建“氧化铝→铝电复合→热点联产→赖氨酸→饲料生产”的完整产业链，发展到目前在新疆维吾尔自治区的沙漠戈壁布局“煤谷→电谷→铝谷→硅谷→化工谷→生物谷”生态循环互联网。“六谷丰登”产业集群是对各种资源最高程度的利用，同时减少了不产生价值的大量物资的来回运输，节省下来的费用就可以成为企业的利润额和竞争力，也能增加政府税收。刘永行的这幅超级循环生态产业群蓝图，现正在五彩湾的金色沙漠上徐徐展开，一个世界级的重化产业群正在戈壁沙漠深处悄然兴起。

为了将新疆维吾尔自治区丰富的煤炭资源就地转化为工业生产所需的电力资源，2010 年 12 月 30 日，刘永行成立新疆东方希望有色金属有限公司，依托准东 3900 亿吨整装露天煤田，发展煤炭热力发电和电解铝项目，用煤来代替进口石油，生产乙烯、丙烯塑料，利用中间产品甲醇加上废物硫化氢，生产国家急需的氨基酸 -DL 蛋氨酸，而蛋氨酸又是重要的饲料原料。2011 年 1 月，新疆东明塑胶有限公司成立，着力发展煤炭资源深加工和煤化工项目，筹建年产 180 万吨的煤制烯烃，将煤炭资源就地转化为高附加值的聚乙烯、聚丙烯下游产品。煤制烯烃项目的甲醛、硫化氢、丙烯被利用来建设 DL- 蛋氨酸项目，产业向新兴煤炭深加工延伸。2012 年 3 月，东方希望成立新疆东方希望碳素有限公司，将石化产业的废渣（石油焦）变废为宝，生产预焙阳极炭块，选用 500 千安培预焙阳极铝电解槽技术生产铝及铝的深加工产品。该项目全部建成投产后，预焙阳极炭块的产能将达 100 万吨 / 年。

刘永行看到，企业消耗大量的煤，炼成铝制品和用于发电，其中耗费的化石能源不可再生，就设想产业往上下游延伸。沙漠戈壁滩上有大量富含特殊元素的石头，可以结合煤资源和电力资源做成多晶硅、单晶硅和硅片，这些产品又是光伏电磁的原料，光伏能源属可再生资源。刘永行先后成立昌吉吉盛新型建材有限公司和新疆东方希望新能源有限公司，利用煤炭、硅石资源，打造“工业硅→多晶硅→光伏组件→光伏发电”的硅循环产业链，生产新兴硅材料和向下延伸能源产业链，实现传统化石能源与新材料、绿色光伏能源的完美结合。在产业循环中，煤电化产业固废的处置和综合利用，减少了工业固废的排放。刘永行还在筹划利用周边县市丰富的玉米资源和电厂富余的蒸汽，用微生物细菌发酵生产赖氨酸、苏氨酸、谷氨酸，玉米残渣加上新疆维吾尔自治区富产的棉花籽粕、葵花粕，再加上酵母菌，生产发酵生态饲料，发展养殖业，养殖业废弃物经过生物发酵处理后生产生物肥料，改良戈壁滩土壤，进而发展新型种植业，让沙漠变成良田。至此，五彩湾上的“煤→电→铝→铝深加工”“煤→电→工业硅→多晶硅→光伏组件→光伏发电”“煤→煤化工→精细化工”“煤→电→粉煤灰→环保建材”“煤→电→脱硫石膏→环保建材、玉米等农作物→电（蒸汽）→饲料→养殖业→生物肥料”等循环经济产业链，交织成东方希望的农业、工业生产资料超级生态循环产业互联网。

在这个生态互联网中，企业产业经营提升为产业链经营，当地的资源被就地转化，高附加值的终端产品才被运输出沙漠，培育自己的低成本核心竞争力。公司生产过程中产生的废物也被综合利用，发电后剩余的大量蒸汽被用于生产饲料中重要的添加剂赖氨酸，赖氨酸生产的废料又被加工成饲料和复合肥料，粉煤灰和电石渣等工业废料被制成高硬度的环保砖。尤其是多晶硅向下延伸的光伏产业链，将传统化石能源一次性的消耗方式转换为光伏能源的可再生补偿和回收模式。这样，上游消耗化石能源，生产了500亿度电，可以通过下游的光伏发电，从太阳能中把化石损耗的能源找回来。这样，生产过程中的大量中间产品就几乎是零能耗。而且，在重化工循环产业链上嫁接生态农业产业链，在生产绿色有机食品和生物肥料的同时，又能促进农业种植，治理沙漠，回馈自然，与自然和谐相处。

创造花园式工厂来改良自然生态，也是刘永行最低限度地向大自然索取的题中之义。高耗能、高污染成为企业崛起的梦魇，制造业以环境和劳动力为代价形成的成本优势不可持续。绿色发展已经成为中国重化工企业的一种“审慎又必然”的选择。刘永行在全盘规划新疆东方希望时，就明确提出既要发展经济，更要呵护蓝天白云；不但要排放达标，更要创造花园式工厂。“花园式工厂”就是“天蓝、地净、水清、草绿、物洁”的环保形象，这一被誉为“利国、利民、利社会”的建设行动正在东方希望各公司全面展开。东方希望的厂区随处可见“工厂是我家、环保靠大家”“节能减排、保护环境、从我做起”“减速慢行、降低扬尘”等环保宣传口号。他的企业遵循节约资源和保护环境的基本方针，推动绿色发展、循环发展、低碳发展，走出了一条经济效益、生态效益与社会效益和谐统一的绿色之路。

刘永行在工厂推进持续环保技改，以消减污染物排放量。工厂在确保环保设施稳定运行的情况下才投入生产设备，运行不稳定不生产，排放不达标也不生产。东方希望三门峡铝业公司先后斥资 10 亿余元用于环保设施建设，将公司打造成了“资源节约、环境友好”的绿色 GDP 样本生态企业。铝电行业是烟气污染物的排放大户，东方希望对脱硫、脱硝、除尘等环保设备，按照超低排放标准进行技术设计或改造，采用洁净煤气化技术生产甲醇，大幅消减污染物排放量。二氧化硫、氮氧化物、烟尘颗粒物排放量均比国家标准排放值低 50% ~ 60%。企业在保证脱硫效率的同时，通过替换脱硫剂，还有效降低了脱硫成本。对于水泥化工领域，公司加强无组织排放管控，努力实现减排或不排的承诺。重庆水泥投资建设封闭式煤棚、矿石均化堆场防风抑尘大棚，有效控制了生产工艺性粉尘的产生和排放；对矿石堆场投资建设挡风抑尘墙及配备喷淋设施，有效消除了矿石堆场物料装卸时的粉尘排放；在厂区内外投资配置洒水车、吸尘车和全新型自动洗车装置，全程管控进场物流车辆扬尘，达到了集团提出的厂内环境“脸不沾灰、脚不沾泥”的管理目标。企业采用全部烟气污染物、粉尘污染物在线监控装置，接受环保部门的监管与考核，同时将所有烟气和粉尘污染物的排放情况向社会实时公开，接受公众监督。新疆东方希望建成了从煤矿到发电厂内全程 30 千米的煤炭传输皮带长廊。皮带长廊的设计建设遵循了企业和大自然和谐相处，不影响动物迁徙的原则，在大大降低运输成本的同时，彻底解决了煤炭厂内接卸产生的扬尘和汽车运输沿路掉煤污染环境的问题，消除了 1600 余辆重型运煤汽车产生的尾气污染。厂内铁路的投运将结束全部物料与产品汽车运输的历史，实现运输污染为零，真正做到厂内煤不落地、不扬尘，场外不掉煤。

东方希望废水全部处理并回收，实现真正意义的零排放。东方希望从一开始就不允许一滴水外排，废水全部厂内循环，深度处理并回用，变废为宝。东方希望稳定运行废水处理站，产出的中水全部回用于生产系统。对于脱硫浓盐水，通过废水深度处理装置，收回的 80% 除盐水级凝结水直接用于锅炉补水，余下的 20% 超浓盐水全部作为防冻液的生产原料，应用于输煤皮带冬季防冻。另外，东方希望运行生活污水处理站产出的中水，可在夏季用于绿化，冬季全部回用于生产系统。

刘永行尊崇、顺应、保护自然生态，坚持“改善环境质量，推动绿色发展”方针，不断开拓生产发展、生活富裕、生态良好的企业发展道路。在五彩湾建厂之后，工厂附近空气的湿度增加，周边的小气候形成，加上企业在收集雪水的过程中土地吸收了部分雪水，戈壁上面长出了小草，野生动物更多了。厂内也发生了翻天覆地的变化，现代化厂房一栋栋拔地而起，工人用手中的键盘和电话遥控着流水线，智能化程度日益提高。漂亮的员工公寓、活动中心、篮球场、羽毛球场、游泳池、食堂、图书馆等生活设施也一应俱全。东方希望每年还投入资金，在厂区内种植大量树木和观赏花卉，厂区道路两侧绿树枝繁叶茂、车间周围绿草茵茵、生活休闲地繁花似锦，有的工厂绿化覆盖面积甚至高达60%，解决了裸地风吹扬沙问题，改善了局域小环境。

政商亲、清关系方能长久

“政企关系”是中国民营企业家成长中都要面对的一个重要问题。财经作家吴晓波对1978—2018年中国现代企业史的研究显示，1979年中国第一家民营企业“上海市工商界爱国建设公司”创立，在随后的整个20世纪80年代，非国有经济引导着中国市场化经济转型。1988年《中华人民共和国宪法修正案》中第一次出现“私营经济”的提法，这股将中国引向市场的经济力量，如今在40多年的改革开放中变得更加强大。中国的民营经济生发于中国式制度创新，是在计划经济向有中国特色的社会主义市场经济转型的过程中发展起来的。与刘永行同时期发展起来的一批民营实业中，有很多企业逐渐消失在变革的长河里，刘永行似乎毫发未损，带领东方希望从各种桎梏中脱颖而出，本质上归功于“势”。

20世纪80年代初，刘氏兄弟带动古家村和附近村民大力发展养殖业，走上了科学致富之路。1986年，得到当时国务委员、国家科委主任宋健的高度肯定，在他们养殖场办公室题词“中国经济的振兴寄希望于社会主义企业家”，并叮嘱他们放心大胆地干。自此刘氏兄弟的养殖场正式更名，一条希望之路也在他们的脚下延伸开来。在刘永行看来，企业家做正确的事情，做对国家、老百姓、员工都有好处的事情，应与政策保持高度一致，踏踏实实做企业，但不要有官商勾结、非法集资、污染环境等致命问题，同时做好准备，量力而行去搏，就能基业长青，财富就会稳步增长。

在改革开放40多年里，从实践效果来看，地方政府所扮演的活跃角色是民营企业得以成功的重要因素之一，东方希望的发展也不例外。尤其是辖区内国有企业缺位的地方政府，对私营企业表现得更为宽容。私营企业一旦开始发展壮大，它们就会进行鼓励和保护，出台地方政策支持民营企业的发展。美国加州硅谷的实践也表明，政府的职责是为市场创新中崛起的企业创造完善的成长环境，造就企业的创造力，激励企业家的创新。20世纪90年代初，我国私营企业发展进入瓶颈期。刘氏兄弟想把企业献给国家，当地政府则认为由刘氏兄弟经营效果会更好。这样才有了后来成为民营企业典范的东方希望。

要在现有行业中开辟出一个新的发展空间，地方政府对私营企业的支持是其成功的关键。刘永行稀土电解铝项目的实施，带动了包头国家稀土高新技术产业开发区的发展，使当时陷入大工业破产和国企倒闭困局中的包头重新焕发出重工业基地的生机与活力。1995年，东方希望在包头高新区投资上千万元建立了一个饲料厂。2002年8月中旬，高新区管委会招商局得知东方希望正在寻找投资项目。8月27日，刘永行来饲料厂检查工作，这个行程立即被当地政府部门获悉。时任包头稀土开发区管委会主任的苏文清和招商局人员一起把刘永行请到了管委会，让他看看开发区的环境。得知东方希望有意投资电解铝项目后，苏文清当即开始推介。苏文清对电解铝项目放在包头的各种优势如数家珍，因为之前包头市政府对铝电一体化项目早已有规划。9月2日，苏文清等人又专程飞往上海，带去了一份早已准备好且相当成熟的包头发展铝电一体化可行性报告。9月12日，刘永行再赴包头，9月15日，双方签订了开发协议，此后刘永行从上海派出六名专家做投资的具体调研。包头当地政府对市场经济条件下经济发展的客观规律的认识非常深刻，生产要素一定是向效率最高、回报最丰、风险最小的地方流动。在企业专家调研期间，包头市政府、高新区管委会展示了其行政高效率，他们仅用半个月的时间就完成了一期工程5000多亩土地的拆迁工作，10月18日拆迁完成，10月28日在双方洽谈两个月后，项目就正式奠基开工。东方希望“企地”互助合作项目为当地政府带来了丰厚的回报。如自2015年开始，东方希望三门峡铝业公司年均上缴税收8亿多元，而且带动了渑池地方铝和铝基新材料产业的发展。东方希望在新疆维吾尔自治区也成为新型产业发展和新型工业化建设大潮中的领头羊，成功带动了铝下游深加工产业的发展。

在剧烈转型的社会中，冒险者往往需要穿越现行的某些法规才能成功，这造成很多企业不时运行于灰色的中间地带，企业家不可避免地遭遇商业之外的众多挑战。刘永行所从事的电解铝、水泥等重化工行业被国家列入过度投资行业，为避免低水平重复建设，国家从环保、质检、土地等方面进行约束，新建项目一律报送国家有关部门审批。如果地方审批的项目成为问题，银行马上做出反应，严控信贷规模，开始抽取资金。刘永行对宏观调控中这种较为僵硬的方式颇有想法，他的企业一开始就准备好做高水平、具有世界竞争力的产业群，采用最先进的设备，具有规模化、集约化效应，使用全球最先进的技术确保环保达标，政府只需要因势利导，就能跟世界强企进行竞争。尽管如此，他仍然有着强烈的政治自信，深谙企业家更多的是新环境的适应者，而非创造者。他对政企关系的解读深中肯綮，国家是宏观而企业是微观，国家是战略而企业是战术，国家是整体而企业是局部，做企业需要微观让路于宏观、战术服务于战略、局部服从于整体。

创业以来，刘永行尊重政府，紧跟国家政策，从不与国家宏观调控对抗，警惕和防范纯商业思维之外的种种风险。他辞去公职决定“下海”前，曾专门去找当地县委书记，获得首肯后，才正式向组织递交辞职报告，一直等到四川省副省长批准心中的石头才算落了地。1992 年，刘氏四兄弟计划成立私营企业，直到国家工商总局同意，东方希望才正式成立。后来入股民生银行，他们依然是循规蹈矩，等了三年，得到国务院批准才做。2004 年前后，国家对电解铝行业进行宏观调控，刘永行马上将包头电解铝厂的年产能从 100 万吨压缩到 50 万吨，并得到国家认可。

1999 年，受到上海引进民营企业总部政策的鼓励，刘永行把东方希望的总部从成都迁到了上海，利用上海的信息平台、金融平台、技术交流平台、交通平台做大产业，开启了走向全国乃至全球市场之路。10 年之后，他积极响应国家“西部大开发”号召，接受新疆维吾尔自治区政府的邀请，建设一个 450 万千瓦的特大型电力能源基地，发电厂的发电量是三峡水坝总发电量的 35%。刘永行以此为起点，综合新疆维吾尔自治区丰富的煤炭资源和作为国家能源战略接续地的优势，完整布局东方希望的“煤→电→铝→铝深加工”“煤→电→硅→多晶硅→光伏组件→光伏发电”“煤→煤化工→精细化工”等多条重化工循环经济产业链。重化工企业的常见风险是环保问题，铝电行业又是烟气污染物排放大户，刘永行对此相当敏感。他干脆一切都按照最严格的标准去做。2010年，东方希望三门峡铝业有限公司年节约17万吨标准煤，接受国家三部委（财政部、中宣部、教育部）能耗检查时受到质疑。检查组从原始台账开始认真审计，到第二年，三部委又委托云南省财政厅投资评审中心再次进行能耗审核，最后认定公司实际年节能18.14万吨标准煤，意外地得到了国家节能减排奖励5300万元。由此，刘永行感悟到，企业只要认真做好，就会得到社会的公认和国家的支持。

在处理政商关系中，诞生于市场竞争领域的东方希望坚持踏踏实实做企业和不妥协的原则，追求长期利益，宁可企业吃亏，宁可拿不到资源。刘永行开办企业只看重两点：一是当地市场是否足够大，二是当地政府是否开明和廉洁。与当地政府保持良好关系，他有一个独特经验，就是把企业做到价值最大化，能够给国家贡献更多的税收，办成当地最优秀的企业，办成当地做出突出贡献的企业。他坚信企业效率超过世界500强，超过国有企业，效率对消费者和政府有利，自然会得到支持。只要企业行得端、坐得正，企业的处境就会好。

在刘永行的经营理念里，企业家的着眼点应该放在如何把企业培育成优秀企业，成为当地经济的支柱，能够为国家提供更多的税收，做成当地行业的样板之上。刘永行有个观点，即企业对社会的贡献终归会得到社会公正对待，如果企业总想着靠拉关系走捷径，很容易走上官商勾结、腐败的邪路，把钱给政府官员等于给人家加刑。他坚持自己的价值观，与政府官员保持距离，严格遵守所有规则。

与大多数企业家的观点相同，刘永行对20年后中国企业在全球的竞争实力充满信心，但有个前提，就是政府一定要坚持改革开放，一定要相信企业家。政府应建立规则，注重承诺，营造一个好的商业环境，在法治化和市场化方面给企业提供最有力的保障，让企业安心生产。山东非常重视民营经济的发展，有良好的投资环境，刘永行进入山东扩张饲料版图时，时任山东省工商联会会长的刘志民陪他跑遍了整个山东，甚至很多项目都是由刘志民考察后告诉刘永行的。刘永行深受感动，在山东20年不间断地投资，承诺在“在山东赚的钱，我一分也不拿走，就地发展”。山西晋中市在原料矿资源配置、生产用电等方面给予企业帮助，为企业生产及进一步拉长产业链条、扩大产业规模创造了有利条件。跟政府良性互动带来了中国企业的发展，企业发展起来又为政府提供了更多税收，政府有资金进一步做招商引资、管理建设、人民生活改善，企业环境也越来越好。政府无须过多介入资源分配，也没必要在指导工业化进程和方向上投入太多，政商之间形成亲、清关系，才能推动经济更好发展。企业不断提高资源效率、土地效率、能源效率、环保效率，做到环保最好、投资最少，所有这些都做到行业里面最佳、部分做到世界最好，就很难被淘汰。

第二章

战略：未兆易谋

对于战略，刘永行的解读是：战略是最高层面，要考虑社会发展趋势、行业趋势，找到规律性；战略是做正确的、长久的事情，10 年、20 年基本不变，“不了解的事情不能做，没有准备的事情不能做”。2002 年，经营饲料的刘永行在中国电解铝产业步入低谷时躬身入局，被誉为 21 世纪初的“豪赌”之一，业界哗然。其实刘永行经营企业崇尚“九搏一赌”，进入重化工业时他已经有了 10 年谋划。早在 1992 年，东方希望创立 10 周年的时候刘永行就在思考，随着改革开放的深化，中国将来可能要走西方先进国家走过的模式。当时，中国饲料行业的利润率逐年下降，刘永行看到了饲料业的不利前景，在做出饲料主业向高端升级决策的同时，着手寻觅第二主业。很快，他从美国钢城匹兹堡之行中窥探到了商机，得出全球产业转移的下一站肯定是中国的结论，萌发了做重化工的想法，并为此兄弟分家。自 1996 年起，他开始关注重工业中的每一个产业，与一些知名咨询公司交流重工业发展的看法，主要是不断地去接触地方小型重工企业，考察了几乎所有允许民资进入的大型工业项目。直到 2001 年，他选择了与饲料主业有些联系的电解铝产业。2009 年，东方希望涉足水泥业，但在这之前刘永行已经做了 6 年的研究。

刘永行认为，战略的任务是定义 10 年、20 年甚至更长时间要做什么，现在怎么创造条件为将来做事，为将来创造什么样的优势。他的产业布局和企业经营策略强调“顺势而为，快人一步”，始终贯穿着“相对经济”与“上下游一体化”

的战略思维，凭借“好、快、消灭浪费”和循环产业链方略，创造相对优势，在红海领域开辟出一个“蓝色航道”。

战略是格局而绝非风口

每个伟大的企业家都首先是一位设计师，刘永行强调战略是一种格局，尤其是产业组合上的先进才能保证长久的竞争力。战略就是现在做的事情是为10年以后、5年以后做的，是为5年、10年以后打造新的格局、新的平衡和新的状态。长期规划在追求短期利益的世界里经常被低估，很多企业更倾力去找风口，但战略绝不是风口。做风口上的业务，当风停时企业就可能从高处跌落，惨败出局。刘永行多年执行明确的未来计划，无论是在传统的饲料行业，还是新进入的重化工行业，他都有明确的未来规划，都会斟酌做的产品有没有未来，在未来10年、20年、50年甚至更长时间是不是还合理。他有个观点，做企业不仅要活在现在，工作在现在，更要规划好未来，并为未来而持之以恒地努力。早在1992年希望集团创立10周年之际，刘永行就在思考随着改革开放的深入开展，中国富裕并且成长起来后，西方先进国家走过的模式可能就是中国将来要走的模式。

了解了世界工业发展、产业转移和升级的历程，刘永行从进入重化工业开始就认识到，中国的重化工企业一定会最终转移至能源、资源、土地和劳动力更丰富的西部，而且中国工业升级转型的进程一定会比西方快很多倍。于是，东方希望的大多数工厂都建在西部贫困地区，甚至高山、戈壁沙漠之中，而且所有的工厂都采用当时所能获得的最新技术。

东方希望的饲料业务起步于四川新津地区，先进入饲料加工业，占领小的本地市场，循序渐进发展，有步骤地逐步拓展到长江以北，拓展到饲料添加剂加工，在全国建立了100多家饲料厂。1998年，东方希望饲料的利润率从之前的20%以上，突然跌落到8%，刘永行明白饲料主业已经不可能再产生几何级数的财富聚敛效应，并且敏锐地感受到饲料业腾挪的空间日益收窄，以利润增长率来填补今后国民收入呈刚性上涨留下的空间也将变得非常艰难。国内饲料厂已经严重过剩，未来饲料市场的竞争将更加惨烈，经过10年整合后将有90%的饲料企业会被淘汰出局，最后至多剩下1000多家。他认为不应该再在低层面去竞争，必须采取行动向高端行业进军。东方希望的三个考察团一直在全国各地往来奔走，寻找饲料之外的第二产业。2002年，刘永行在筹划10年，考察了钢铁、汽车、电力、轮胎、造纸、铝业、石化等行业后，最终选定中型铝电一体化项目作为进军重化工业的出发点。这一项目也是刘永行对未来事业“遵循大自然规律，最低限度地向自然索取，通过上下游联动、形成循环经济，降低生产成本”设想的验证。进入重化工业开启了东方希望多元化之路，目前东方希望涉足了饲料业、石油化工、煤化工、水泥、氯碱化工、生物化工等10个行业。刘永行曾经坦言，这在一定程度上是客观形势所逼。但他并未掉入“多元化陷阱”，这得益于其产业生态循环互联网战略，即投资多元化里的管理专业化。

刘永行认为，低成本是中国企业的核心竞争力。通过上下游联动，减少了物质的腾挪搬移造成的消耗，从而大大降低了成本，符合生态科学。在布局重化工业之初，刘永行就形成了铝电一体化的想法。铝是高耗能的，电费占电解铝成本的 30%~40%，要争取更大的产业空间，铝需要和电力结合起来做。

后来，刘永行发现，电解铝与饲料老本行之间可以通过火电进行有机结合。火力发电的副产品是蒸汽，配套火力发电厂可给电解铝生产项目供电，也可为赖氨酸生产提供蒸汽和电力。刘永行决定大规模进入赖氨酸产业的信心，来源于市场对赖氨酸的强劲需求，更来源于他能够以极低的成本自给自足生产需要的大量蒸汽和电力，赖氨酸生产的副产品能够整合进东方希望传统的饲料业务。据他介绍，每生产一吨赖氨酸要消耗 20 吨蒸汽和 2400 度电，蒸汽的市场价格为每吨近百元，而他的生产成本估计只有 10 元 / 吨。电力的市场价格一般在每度 0.3 元以上，他估计自己的成本可以控制在 0.1 元以内，这两项将决定东方希望赖氨酸的生产成本不到同行的 1/5。赖氨酸是由玉米淀粉发酵制成，上游原料玉米属于大宗农产品，而且中国是第二大玉米生产国，货源可以获得充足保障，原料价格也不会轻易被人操纵。尤其是生产赖氨酸后的玉米废渣，经过浓缩加工处理后，还可以作为奶牛饲料，正好满足内蒙古自治区大力发展奶牛产业的需求。100 万吨玉米能生产 20 万吨赖氨酸，剩下的 80 万吨废渣可以用来生产饲料，东方希望在内蒙古自治区当地的饲料厂可以就地生产、销售，提高产品的竞争力。刘永行也清醒地意识到，有别于赖氨酸生产，电解铝生产的上游原料是被控制在别人手里的垄断产品，他必须自己投资氧化铝，否则容易受制于人。就这样，刘永行缔造了“氧化铝生产→铝电复合→电热联产→赖氨酸→饲料生产→（玉米种植）”的双循环产业链。

刘永行顺应中国重化工业从东部向西部迁移的趋势，在中国最西部拥有丰富煤炭资源的新疆维吾尔自治区，规划打造“煤谷→电谷→铝谷→硅谷→化工谷→生物谷”超级产业循环生态互联网，以产品多元化为核心，最大限度挖掘产品潜能，整合产业链，实现资源的最高程度利用。建立循环经济的战略布局，打破了原料掣肘，形成了节约土地、节能降耗、节省运行成本和保护环境的优势。在刘永行的未来事业版图里，硅产业赫然在列。刘永行今天要进入这一行业，引起了媒体专家们的兴趣，他为此做出的回应是：他要做长久的事情，瞄准的是清洁能源，为的是减少化石能源的消耗，是平价上网而非国家补贴。平价上网必然要求上游多晶硅的价格要跌下来，企业只要能够顺应这个社会发展趋势，把这个问题解决清楚，就能够做。一些光伏产业的商业领袖采用不同的经营手法，但倒在了同样的地方，很大原因在于他们是在产业发展高潮时进入的。光伏产业最暴利的时候，多晶硅的价格是 300 万元至 500 万元一吨，当产业逐渐回归理性，多晶硅的价格后来跌到 100 万元一吨时，鼎盛时期进入的这批企业就倒闭了。2016 年，多晶硅的价格已经跌到了 14 万元一吨，当时刘永行预测将来价格一定会跌破 7 万元一吨，所以公司的战略就是按照多晶硅 7 万元一吨的价格来布局。东方希望已经花了 10 多年的时间做准备，各种模型都测量好了。他由此总结，不需要随大流，应该去关注其他企业投资几百亿元后是如何垮掉的。如果别人做 100 亿元的事情，你用三四年的时间就可以完成，别人要花费 10 年、5 年的事情，你两年就把它做成了，这个产业你就能做。

做红海中的蓝色小舟

蓝海市场是最终商业社会乃至人类社会的救赎之道。在全新开拓的蓝海市场中，新生企业才有成长为参天大树的可能性。当今，企业生存和发展方式发生了根本性变化，过去是资本雇用劳动，资本在价值创造要素中占有支配地位。现在是资本依赖知识保值和增值。中国企业家都期待从“中国红海”或“中国苦海”中摆脱出来，无论是创业初期“违反常识”地贩卖鹌鹑给城里人养殖，到后来全身退出处于发展黄金时期的房地产业、进入饱受质疑的重化工业领域，还是在新疆维吾尔自治区茫茫戈壁滩上拓荒，打造他的“六谷丰登”重化工业与农业超级产业循环生态圈，刘永行都在红海中开辟出了一条属于自己的蓝色航道。他始终坚持“单位占地全球最少、电耗全球最低、用人最省、建设周期同行业最短、投资浪费最小和最终实现耗水零排放”的战略方针，坚持自己独特的企业个性，带领东方希望走上一条通向未来之路。那就是，专注于做生产资料供应商，善于上下游产业联动，致力于打造重化工业与农业“双千亿”循环产业园，跨界实践循环经济。东方希望的发展思路从产业联动，演进到“构建超级产业循环生态互联网”，循环产业园可以说是东方希望第三次创业的试验田。

与其他创业故事类似，刘永行的战略业务都是由核心事业逐渐向外扩展的，这似乎背离西方商界信奉的“核心竞争力”信条，拒绝公司应该专注于最擅长的领域这一信条，走出了一条“连续跳跃”路线。刘永行的东方希望实现了战略上的三次跳跃，第一次是从鹌鹑大规模工业化生产向提供种鹌鹑、种蛋和鹌鹑饲料、猪饲料为主的服务转型，第二次是从饲料行业转到铝电复合体产业等重化工行业，第三次是建立重化工行业与农业产业循环商业生态圈，这无疑是值得研究的典型案例。从企业家在资源可用性和环境适应性之间寻求复制与更新之间的平衡，让我们可以更好地理解企业家精神和企业家战略转型的脉络。

·转折年代“边缘革命”中的土气生意

中国从社会主义计划经济体制向市场经济体制的转型，被诺贝尔经济学奖得主罗纳德·科斯誉为“二战”之后历史上最为伟大的经济改革计划。中国的经济改革其实是一个二元经济故事：国家主导的国有经济中心改革与民间经济力量发动的边缘革命双重存在。中国的改革开放从农村发动，以“家庭联产承包责任制”为突破口，调动了农民的劳动积极性；之后，又以特区和沿海城市搞活经济的方式，引进国际资本，实现了制造业的进口替代。企业家的萌芽生发于这两大领域，并以“农村能人”的广泛涌现为最重要的特征。这批企业家崛起于20世纪80年代初，销匿于90年代末，成为那个时代最生动的注脚。

在这些“边缘革命”中，农村发动的变革意义最为重大。在这场经济改革大潮中，四川省一直走在全国的前列。四川省蓬溪县群利镇九龙坡村是中国最早实行包产到户的地方。四川也是最早进行国有企业改革的试点，到1979年年初，就有多达100家企业进行了改革，后来重庆市成为参与“国家经济体制综合改革”试点的第一个大型城市。1981年10月17日，中共中央、国务院做出《关于广开门路，搞活经济，解决城镇就业问题的若干决定》，政府正式公开承认了私营经济。1982年1月1日，第一个中央“一号文件”向全国公布，第一次以中央的名义取消了包产到户的禁区，尊重群众的选择，并宣布长期不变。这个文件改变了历史，亿万农民从此掌握了生产的自主权，生产积极性和劳动生产率得到极大提高。这年，刘氏兄弟感觉千年不遇的大好时机到了。他们放弃了公职，变卖手表、自行车凑了 1000 元作为资本，选择在改革前沿阵地四川省的农村地区，开始了改变他们命运的探险——养鹌鹑。摆脱贫困、改善生活的朴素愿望，构成了他们敢为天下先的全部动力。

从刘氏兄弟的创业应该多多少少能看到其父亲的影响。据刘永行描述，其父是农业局的干部，很爱学习，有极强的洞察力和前瞻眼光，他常常叮嘱刘氏兄弟谨慎行事，认认真真读好书，并对刘永行讲国家肯定要发展教育和经济，只有发展经济我们才有未来，虽然国家目前没有资金，但是我们有劳动力，国家开放一点的话我们可以去帮人家加工产品，挣加工费，说不定你们会有机会。后来国家扩大招生，刘永行被补招到成都师专。他的志向并非做一名教师，想放弃这个机会，但父亲坚持，当不当教师不重要，重要的是再学习，提高系统知识水平，这样刘永行在成都师专学习了一年半。他后来自嘲“我的学历实际上就是高中生”，但真正的学知识更多是在社会上学的。

当时，农村包产到户被国家用红头文件确定下来，极大地鼓励了农民农业生产的热情。爱动脑筋的刘永行从不断死亡的鹌鹑中摸索出了一套适宜本地的鹌鹑养殖技术，并将其毫不保留地教给了当地农民。养鹌鹑可以获得较高的利润，鹌鹑养殖事业得到快速发展，刘氏兄弟很快又办起了鹌鹑饲料厂。在他们的带动下，新津县城成了当时全国最大的鹌鹑养殖基地。很多人因为养鹌鹑走上了致富之路，刘氏兄弟赚取了他们的第一桶金。看到鹌鹑养殖的势头太猛，刘氏兄弟意识到，这样无序下去可能造成严重的后果。为此，他们写了《告全县人民书》，劝诫大家不要养鹌鹑了，但谁都不愿意相信火热的市场背后潜藏着危机。正如刘氏兄弟所料，鹌鹑养殖业开始滑坡，刘氏兄弟的上游饲料业市场也随之萎缩。他们不得不再寻找新的发展之路。

后来，在邓小平同志的大力倡导下，1984 年年底国务院提出“饲料工业大家办”的基本方针。饲料行业关系到农民和菜篮子，成为最早一批开放的行业。国有企业不适合做低门槛的工业，当时国有饲料厂的效益不好，彻底退出。整个行业都是外资企业和民营企业，外资企业的饲料效益很好，但价格很高，饲养户赚钱也不多。刘氏兄弟开始专门研究高档的猪饲料和鸡饲料。经过多次对比试验，他们终于在 1989 年 4 月成功研制出了高档乳猪饲料，效果与外资企业的饲料一样，但价格更低，产品一经推向市场就供不应求，1990 年产销量在四川省名列前茅。他们的三个饲料项目也被列入“国家星火计划”，自此刘氏兄弟正式踏入饲料生产行列，成立了新津希望饲料厂。建厂后不久，当地新增了数十家饲料厂，竞争非常激烈。刘氏兄弟认为这个行业竞争力最强的对手是民营企业，偏居一隅会捉襟见肘，饲料厂门槛低，必须在2000年前建100个厂，抢占市场先机，企业才有未来。

·重化工业理想的萌芽

20 世纪八九十年代，中国饲料业迎来成长黄金时期，东方希望抓住这一历史机遇，从外资企业把控的市场夹缝中崛起。饲料业投资规模小，进入门槛较低，生产能力总体上已经饱和，行业利润率大幅下降。挣脱国内饲料行业的残酷竞争，从狭隘的本土市场破茧而出做大事业的“内心召唤”，使刘永行萌生了做“高大上”产业的想法。1992 年，东方希望创立 10 周年的时候，他思考判断，如果中国改革开放能够进行下去，西方先进国家走过的模式，可能就是我们将来要走的模式。无疑，美国考察之行是刘永行重工业思想萌芽的催化剂，这趟考察让刘永行看清了企业未来的走向。到当地的饲料厂后，他感觉到了中美企业的效率差距的悬殊。美国的一家饲料厂每天生产150吨饲料，加上营销人员，仅有7人，国内同等规模的厂，一般要100人，东方希望也需70人，但是这样的工厂因付不起员工上涨后的工资而倒闭。这对他触动很大，他第一次体会到劳动力是资源，怎样减少单位产品的劳动力资源消耗和浪费可能是饲料企业生存的关键。

另外一个现实是，美国饲料厂兴建于20世纪六七十年代，自动化程度很低，基本由机械控制，属于在中国要淘汰的类型。反观中国中小型饲料厂，几乎都是新建的，采用的是自动化流水线。刘永行发现，中美饲料企业劳动效率的差距就在于，中国企业在防盗、防范社会信用风险的外围机制建设上耗费了大量的资源。东方希望的饲料工厂都有一个大围墙，配备了保安、收货员、发货员、化验室人员、地磅房员工，而美国工厂统统都不需要配备。因为在美国，交易是建立在法律合同基础之上，工厂进货时，供应方按照规定送来原料。送来之后，工厂都有地磅房，厂长在计算机控制室里，不见面就把货称了，然后拉到地坑里卸货，整个过程通过计算机完成。从技术层面来说，中国的企业也能这样做。

· 初闻产业转移概念

美国考察之行中另一个对刘永行触动最深的是在钢城匹兹堡，这时钢铁厂在衰败，大部分钢铁企业都在撤离，其中有一家工厂正在被韩国人拆走。在这里，刘永行第一次听到了“产业转移”这个词。产业转移的路径是怎样的？综观世界重工业转移的历程基本可以概括为，20世纪50年代以前重化工的中心在欧洲，

50 年代以后到六七十年代转移到美国，八九十年代东移至日本、韩国。刘永行当时判断，10 年以后人民生活一定会有很大的改变，会造很多房子、建很多工厂，这个时候对原料产品、重工业原料产品的需求肯定会越来越大，重化工产业中心一定会大规模地转移到中国。届时他也应该有进入这些行业的机会。他一直在琢磨，钢铁和重化工生产转移到中国后，会转移到哪里，会怎样发展。从 1992 年开始，刘永行做重化工的理想就此埋下了。

东方希望进入饲料业不久，就给企业找到了一个参照系，一个追赶的目标，只要振作起来，赶上去就会成功。刘永行在参观大型农业公司总部的时候还发现，这些公司规模太大，层层申报的组织结构和程序机构与我们国有企业差不多，对市场反应慢，因而以灵活敏捷反应著称的中国民营企业能够迅速追赶上去。法制不健全，法治意识淡薄，诚信缺失，社会公共产品缺位，极大地增加了企业的管理成本，严重地制约了企业的生产力，尤其对中小型企业的影响最大。刘永行当时就意识到，饲料不容易做到世界先进水平，并开始思考寻找一个内容远远大于边界的产业，确保用于防范的人力资源消耗相对比较少一点。重化工行业边际大，每平方米的分摊很小，每千人、每万人的外围分摊成本很小；在效率上，容易赶上世界先进水平的。然而，做重化工业不确定因素太多，风险太大，对于做农业饲料起家的希望家族来说，无异于天方夜谭。

1995 年，刘永行提出公司发展重化工业的想法之后，遭到了其他兄弟的坚决反对。他们在企业未来发展上出现重大意见分歧，再加上在全国大量布点，共同作战难以完成。同年 5 月 8 日，东方希望的董事会通过决议，宣布成立“希望集团南方投资公司”和“希望集团东方投资公司”，公司一分为二，划江而治。刘永好拥有华西、华南的13家公司，刘永行拥有华东、华北的13家公司。到1998年，刘氏兄弟提前完成了在全国建设100家工厂的布点任务，顺利完成了首个跨世纪发展规划。饲料业一直是刘永行的立家之本，他从来没有停止过在这个产业上的规模扩张。

·初涉循环生态产业链

国内饲料市场的竞争非常残酷，饲料产量从1978年的60万吨增加到2003年的8700万吨，仅次于美国。但是，相当部分企业长期开工不足，行业利润率也大幅下降，进入了整合期。1995年分家后，刘永行在华北、华东片区里迅速建立了70多个饲料工厂，公司对上游赖氨酸的需求量剧增。当时，赖氨酸大都被国外企业垄断，要想解决饲料业的长远发展问题，就必须要自己生产赖氨酸。在1996年，刘永行开始为生产赖氨酸做准备，但如果为年产20万吨左右的赖氨酸厂配套，现有的热电厂达不到经济规模，因此要建个大热电厂，但太大的电厂生产的电力没有出路。于是，他就想再建一个几百万吨的钢厂或100万吨的铝厂消耗多余的电力，并同时研究电解铝和钢厂。在准备投资赖氨酸的同时，东方希望也在寻找第二主业。刘永行一开始就为此确定了一个方向：产业规模比较大，发展走势是向上的，已有行内企业构成是国企或外企，以避免同众多的民营企业竞争，又能在竞争中充分发挥民营企业的优势。

2003年，主要原料如玉米、大豆和豆粕等的价格大幅上涨，饲料添加剂的价格也大幅度涨价，饲料价格上涨空间有限，饲料行业遭遇更为严峻的挑战。2004年禽流感在多个国家大规模爆发，无异于雪上加霜。不同于饲料加工业的举步维艰，上游添加剂工业异常红火，赖氨酸、蛋氨酸、维生素、矿物质微量元素和防霉剂、抗氧化剂等需求旺盛。尤其是赖氨酸的价格在 2003 年由年初的每吨 2.3 万元，迅速上涨到 11 月份每吨 4.65 万元的高峰价，后来基本稳定在 2.6 万元左右。在这种背景下，向饲料上游发展成为饲料加工业的第一选择。赖氨酸项目差点让刘永行遭遇滑铁卢，这次尝试也成为他致力打造重化工业、农业循环生态链思想的渊源。

·寻找“沙漠之花”

寻找“沙漠之花”是彼得林奇的投资法则，指在选择投资行业的时候，总喜欢低迷行业而不是热门行业，原因在于低迷行业成长缓慢，经营不善的弱者一个接一个被淘汰出局，幸存者的市场份额就会随之逐步扩大。传统行业有巨大潜力可挖，19 世纪的中期和晚期，日本和德国就通过工业化实现了比当时的发达资本主义国家更快的增长率。中国改革开放 40 多年来，基本也是通过工业化取得了经济的高速增长。刘永行做事业先看大势，他认定，中国的改革开放和政治格局有利于企业发展，20 世纪 90 年代末的城市化建设会推动能源及重化工业蓬勃发展。

即使在分家之后，刘永行也不敢贸然去做重工业，当时实力不够，缺乏知识和人才，社会也没有这个需求，也不知道怎么进入。做钢铁进不去，做汽车吃不准，他就到全国各地考察，从汽车、电力、钢铁、石油、轮胎、造纸、化工等各种产业中寻找合适的项目。

2002 年，中国开始成为“世界制造工厂”，刘永行在谋划 10 年后，也终于等来了进入重化工业的契机。山东信发铝电集团（以下简称信发集团）有一家小型国营铝厂和一家小的发电厂想做电解铝，邀请刘永行投资建设。信发集团满足了刘永行控股公司、生产规模扩大到 10 万吨以上的条件，刘永行投资 4 亿至 5 亿元，合资成立山东信发希望铝业。新公司的生产由信发集团承担，招标、财务、营销事务都是东方希望集团负责，这个项目成为刘永行重化工业布局观念的试验平台，以及进入重化工业的先声。

经此项目，刘永行认为公司具备了做重化工业的知识和实力，也发现了电解铝项目可以改进的两个地方：一是煤要从1000多千米之外的内蒙古自治区和山西省运过去，几吨煤才能生产一吨铝，大量的成本浪费在运输上，而且还造成了污染；二是项目建设在土地金贵、人口密集的地方，环保容量不够。这次重化工业试水后，刘永行觉得应到资源配备更好的地方，采用全世界最先进的技术，到能源废物能得到更大利用的地方去建设联合工厂。“公司一定要建在宽阔区，煤在哪里，工厂就在哪里，不要去运输”的“铝电一体化”发展思路已初具雏形。

2002年10月，这套思路就在包头牛刀小试。包头市政府有个规划了多年的大铝厂，亟须投资，当地政府非常积极推进该项目的落地。为了更好地熟悉西部的情况，1996年刘永行在包头建了一家小型饲料厂，刘永行在当地经营几年，感受到当地政府有很强的公信力。这个项目所在地附近盛产煤炭，减少了因煤炭的大量运输造成的浪费。刘永行觉得这个地方比较合适，就独家投资，成立包头稀铝公司，建设年产量为100万吨的电解铝项目，并配套建设272万千瓦的火力发电厂。该项目分四期建设，总投资100亿元。刘永行选择当时刚出现的最先进的技术，将项目建设成多产业循环经济工厂。这是东方希望完全自主建设的第一个重工业项目，刘永行开始正式大规模投资铝业。与此同时，刘永行也把饲料产业拓展到上游赖氨酸产业，“铝电复合→电热联产→赖氨酸→饲料生产”的庞大产业链基本形成。2003年，第一块铝锭的生产标志着东方希望正式成功进入重化工领域。

铝业是国家宏观调控的重点行业。就在刘永行一脚踏进铝业的时候，中国电解铝产业上游的原料危机悄然而至。由于国内电解铝的产能大幅度扩张，国内对上游氧化铝的需求急剧增加，2003年这一需求量超过1100多万吨，而国内产能却仅能满足一半的需求，而且国内所有的氧化铝生产都集中在中铝集团。这种供需关系状况使氧化铝的价格由2002年年中的1300元/吨暴涨到3700元/吨。刘永行在包头的电解铝项目建成之后，马上发现氧化铝的价格上涨得太多了，只好去海外寻找供应商。他利用自己的号召力，在北京召集国内知名的13家民营企业开会，探讨去海外投资氧化铝厂的事宜。东方希望当时与澳大利亚公司签了三年合同，但由于没有重工证，没有进口许可证，只能委托中国五矿集团进口，结果一年损失几亿元。于是，刘永行决定建立自己的氧化铝厂。氧化铝产业高度垄断且利润丰厚，但技术难度很高，所需投资巨大。一个规模不大的氧化铝企业需要一两百亿元的投入，建设周期长，且占地都是上万亩。2003年，刘永行最后说服河南省领导，在三门峡启动了投资总额为45亿元、年产105万吨的氧化铝工程。该工程建成后，可以解决包头希铝公司一半的氧化铝原料需求。

在熬过了最初的宏观调控考验期和之后产能过剩带来的恶性竞争期后，刘永行在寻找重化工业“沙漠之花”的过程中成功突围。其发展商业王国的道路也越来越清晰，就是在铝电全产业链整合的基础上，构建了重化工主业与农业产业的循环生态互联网络。

·大漠孤烟直，“六谷丰登”地

刘永行了解到世界工业发展、转移和升级的历程，他从进入重化工行业开始就认定中国的重化工企业一定会最终转移至能源、资源、土地和劳动力更丰富的西部。西部适合发展铝制品等高能耗产品，节省出来的中东部能源可以用来解决民生问题，而且中国工业转型升级的进程一定快于西方很多倍。于是，他把大多数工厂都建在西部贫困地区，甚至高山、戈壁沙漠之中，而且所有的工厂都采用所能获得的最新技术。

离乌鲁木齐280千米的五彩湾，环境并不如其名那么美好，几乎是寸草不生的茫茫戈壁，几十千米以外都没有人烟，没有水和道路，也不通电。但其自然资源得天独厚，拥有一座储存量达3900亿吨的整装露天煤矿，这正是刘永行完整实践顺势哲学的理想之地。刘永行做企业貌似毫无路线预设，实则有一条强大的道法自然的内在逻辑，那就是不去倒腾，遵循大自然规律。在重化工行业探索10多年后，2010年12月，刘永行在五彩湾建立了新疆新铝管理片区，注册资金52亿元，筚路蓝缕地在广阔的瀚海戈壁开始实现他的“六谷丰登”。新疆大漠的“六谷丰登”浓缩了刘永行几乎所有的商业设想，也是他30多年坚持实体经济发展的不懈追求。

露天煤矿是这幅恢宏蓝图的起点，这类煤矿开采容易，而且煤的质量很高。刘永行说，大自然把煤藏在沙漠里，就是告诉你到这里来，而且尽可能不要做搬运。从沙漠里运煤出来，几十元一吨的煤，运输几千千米后就变成了四五百元，这不符合规律，最经济的做法就是就地深加工，循环利用提高附加值。东方希望修建了一条长达30千米的皮带长廊，这是全世界最长的煤矿传送带，每天从煤矿输送10万吨煤到发电厂的煤棚，建立一个年产500亿度电的特大型发电基地。

煤发电过程中的副产品可以用来生产粉煤灰和环保砖等一系列产品，这些又可以用于建造厂房。电力资源一部分供应给氧化铝及铝深加工，一部分供应给金属硅生产。硅产业链可以延伸到下游多晶硅、单晶硅、硅片生产，这些又是下游光伏电磁的原料，产业链进一步延伸至光伏产业，成为可再生能源。

多晶硅既属于冶金产业，也属于化工产业。刘永行构思了一个利用发电余下的大量低品位蒸汽，用煤替代进口石油，发展如乙烯、丙烯塑料等高附加值化工产品的10年规划。养殖业和饲料业是刘永行的老本行，他还筹划在五彩湾实现他的生态生物产业链梦想。五彩湾周边都是戈壁沙漠，但100千米范围内有很多质量非常好的玉米、葵花和棉花等农作物。他这样构思：公司大量收购当地农民种植的玉米，加工成淀粉、葡萄糖，然后以它们为原料生产味精、氨基酸产品。加工中产生的玉米渣和新疆维吾尔自治区富产的棉花籽粕、葵花粕进行细菌发酵，酸化产生酵母、双歧杆菌、纳豆杆菌，进行生物发酵和乳酸菌发酵，生产发酵生态饲料，可以发展农业养殖。沙漠里空间开阔，没有污染，养殖产品不需要用抗生素，在沙漠里面养猪，可以生产绿色、环保的肉制品，这又回到了刘永行的老本行。

五彩湾这片金色沙漠承载着刘永行的光荣与梦想，在这广袤的大地上，一个“煤谷、电谷、铝谷、硅谷、化工谷、生物谷”相融相生的超级循环生态产业群正在崛起。2010年12月30日，新疆东方希望有色金属有限公司成立，依托准东3900亿吨整装露天煤田，发展煤炭热力发电和电解铝项目，将煤炭就地转化为工业生产所需的电力资源。2012年3月，东方希望以新疆石化产业废渣——石油焦为原料，生产预焙阳极炭块，选用500千安培预焙阳极铝电解槽技术，生产铝及铝的深加工产品，未来企业项目全部建成投产后，预焙阳极炭块产能将达100万吨/年，企业将成为全世界最大的阳极碳素公司。东方希望成立新疆东明塑胶有限公司，从事煤炭资源深加工和煤化工产业，拟建设年产180万吨的煤制烯烃，将煤炭资源就地转化为高附加值的聚乙烯、聚丙烯产品。利用煤制烯烃项目的甲醛、硫化氢、丙烯，建设DL-蛋氨酸项目，向新兴煤炭深加工产业延伸。利用煤炭、硅石资源打造“工业硅→多晶硅→光伏组件→光伏发电”的硅产业链，进行新兴硅材料生产。东方希望在新疆昌吉州准东工业园的多晶硅项目选用安全、节能、环保的改良冷氢化技术，完全闭环生产，符合世界多晶硅行业技术发展趋势，将传统化石能源与新材料、绿色光伏能源进行了完美结合。东方希望利用周边丰富的玉米资源和准东电厂富余的蒸汽生产赖氨酸及饲料，可以发展养殖业。养殖业的废弃物经过生物发酵处理后生产生物肥料，可用于改良戈壁滩土壤，进而发展新型种植业，让沙漠变成良田。

刘永行秉承“超级产业循环生态互联网”的理念，在实业的红海中开辟出了一条希望之路。他也希望未来能使这一产业发展模式服务于东北这样的重工业基地。

重化工行业的边际大

《从0到1：开启商业与未来的秘密》的作者彼得·蒂尔和布莱克·马斯特斯综合了拥有市场垄断力的企业特点，发现通过专利技术、网络效应、规模经济、品牌优势的组合和仔细选择市场，可以打造一家垄断公司。实业家通常也是了不起的经济学家，好企业往往在刚开始设计时就考虑了之后的大规模发展潜能。早在20世纪90年代后期，实力强劲的饲料企业就开始纷纷“谋篇布局”，新希望集团收购六合、温氏集团后，把业务从饲料向下游延伸到肉制品和食品加工行业，把饲料卖给自己的产业链。东方希望则反传统地把大量的精力、资金、人才投入到重化工业。对于不进入食品加工行业，是因为刘永行有他的顾虑，一是食品安全事件频发，食品企业容易遭遇恶意竞争手段的侵害，企业需要花大量时间处理，恢复声誉；二是食品原料易腐烂、易变质的特性会带来较大的产品风险；三是从长远来看，农业企业要始终与农民风雨同舟、共渡难关，但小农发展模式没有太大竞争力，免税和补贴政策无法根本解决农民的富裕问题。

东方希望2002年走上发展重化工业的道路，受多种因素的交替影响。

第一，源于对自己性格特点的认知。刘永行认为自己适合从事建设工厂、整合人力资源等工作，也善于经营内生性成长的生产型行业，即生产资料型或原料采购型的传统实业。而且通过多年在饲料行业的资本积累和市场打拼，自己已初具大规模投资的实力。如果把自己在饲料领域的管理能力和做法移植到重化工行业的话，可以做更大的事。

第二，饲料行业每个工厂的规模都比较小，只需要2000万~3000万元的投入，民营企业和外资企业大量涌入加剧了市场竞争。光是进入中国的国际饲料企业就已有300多家，许多企业背后有国际大财团支撑，投资大、规模大、起点高，且大多是三五年内只赚市场份额的战略性投资。而且，饲料行业没有太大的技术革新机会，基本都是不断提升制程工艺。这就意味着公司容易陷入中小型企业的围剿，而整个饲料业又不能冲破世界先进国家的生产力水平、劳动生产率、市场占有率的桎梏。

第三，尽管在饲料行业整个集团也可以做得很大，但分散在全国各地，不能集中精力，管理难度很大。每个饲料厂都需要一整套保护企业的外围机制，饲料生产之外的社会人为因素导致我国劳动效率降低。表面上国内劳动力廉价，但饲料工厂需要增设保安、门卫、司磅员、审计、化验等岗位，人力资源成本过高。

第四，市场对重化工业生产的需求开始旺盛起来，政府也逐步放松行业准入管制并转变职能，重化工业领域的投资成为现实且可预见的选择。一方面，重化工产业集群进入门槛高、投资额较大，而且集中了国有企业和外资企业，竞争环境相对宽松，东方希望可以避开与其他民营企业的正面交锋，也能够发挥民企的优势。另一方面，东方希望饲料工厂已经遍及全国，方便其在全国各地挑选合适的产业，并找到好的参照模式。

重化工行业正好符合刘永行对未来产业边际大的设想，重化工产业本身的生产规模很大、资金需求量大，且上下游延展性很强，产业生态系统可带来很强的网络效应，从而分摊在单位水平上的管理成本更少，当地外围机制桎梏的影响也相对小。最重要的是重化工业相对常有的技术升级机会，还有可能实现弯道超车。尤其是中国在重工业领域具备比较优势。中国已经处于工业化中期，但工业化还需升级，还要更加环保。在全世界铝业最困难的时期，刘永行的铝业利润仍超出了 2011 年景气期的世界平均利润率，中国很可能出现世界级的重化工企业。我国重化工的劳动效率较高，人均电解铝的产量是 400 吨，人均产值为 600 万 ~ 700 万元。另外，中国市场有巨大的需求，如中国每年需要 20 亿吨水泥、7 亿吨钢、3000 万吨电解铝，全部进口，价格肯定暴涨，这为中国本土企业提供了机会，由此注定中国的重化工产业肯定还会发展。美国每年只有 1.1 亿吨水泥需求量，其中还有几千万吨约 1/3 需要进口，这样 30 万 ~ 50 万吨的水泥厂也能够生存，建新工厂却要亏损，只好维持老工厂。美国 30 万吨的水泥厂还在生产，在中国这是属于需要淘汰的工厂。中国重化工业对环保的要求高，力度非常大，按照美国和西方国家标准可以继续经营的工厂在中国则必须关掉。

东方希望能够用 10 年的时间谋划重化工业，但是还没有投资，真正开始投资的时候，就能马上投进去。它建一个总投资需要 20 亿元的电厂，通常是用自有资金 10 亿、一年时间去建成项目第一期，同样的项目其他公司可能需要建设七八年时间。在重化工行业的竞争对手中，跨国公司 500 强虽然具备技术先进、劳动效率高的优势，但是劳动力成本也高，建设速度慢且成本无法降下来。这些因素共同作用使东方希望能够发挥重化工行业边际大的优势。不过，投资重化工业要审慎，尽可能在合适的地方寻找合适的资源组合和技术，由合适的企业来做，而不是遍地开花。

做正确的事

高瞻远瞩能够使一家公司从草创逐渐走向辉煌。许多管理者把自己看成实际操作者，而非理想化的梦想家。刘永行笃信，企业做正确的事情就是“势”和“道”正确，做对国家、老百姓、员工有好处的事情，能将外部宏观环境的不确定性转化为集团经营和管理成果的确定性。他不惧怕金融危机，说金融危机就像试金石。每一次危机或变革可能就是一个弯道超车的机会，真正能够改变命运的窗口都是在社会巨大变革的风口上。他深谙在变革的风口需要的是冒险精神和行动力，要有去边缘市场发掘机会的胆识和魄力，但又远非孤注一掷。他奉行在经济环境不好的时候，遇到阻碍要绕道而行，把目标定小，一步一步去做的经营方略。刘永行认为，企业的管理者首先要改变观念，对标先进，赶超先进，不要怕差距，更重要的是做正确的事情，做好小数据管理，企业就有未来。

东方希望“做正确的事情”就是秉持科学发展观，积极打造农业、重化工产业循环生态互联网，秉承“精益求精”的管理思想和“既好，又快，还要消除一切形式的浪费”的投资理念。刘永行的产业循环生态互联网以产品多元化为核心，是多元化里的专业化，而非遍地开花式的产业多元化，是始终在行业里深耕，越做越大。他特别强调企业应结合自己的特点，从世界格局和中国的产业变化来分析，正确认识自己，不过高估计自己现有的能力，专注于当下的每一个瞬间。国有企业在重化工行业已经积累了几十年的经验、人力资源、设备和市场渠道。刘永行依靠从饲料行业中总结出来的经验，占据了一席之地。21 世纪初期，国家资本退出了大多数的重工业领域，提供了被誉为民企通过购买国有资产而获得行业准入、迅速扩张的绝佳时机。刘永行也在全国各地考察了 200 多个工厂，都是由当地政府推荐的，当地政府以非常优厚的条件向他伸出橄榄枝。他评估自己无法让这些工厂产生最强的竞争力，就一个都没有接受，他的新厂全部是自己独立建设的。对于工厂引入外资的问题，他有自己的安排。在工厂建设阶段，刘永行拒绝外资的合作请求，防止企业能力被外资低估，而且基础没有建稳时，他要占主导地位，不愿意处在被人支配的地位。到全部建成，工厂产生效益、相关的财务报表出来并且所有账目能算得清楚，可以溢价出售部分股权时候，他才会考虑吸引外来投资。在选择合作伙伴时，合作企业管理者的观念往往会决定合作成败。在山东一次招商引资会上，刘永行听说有一个国有的电解铝项目需要招商，通过与对方短暂的交谈，发现对方的效率高、管理严格等很多细节与自己提倡的观念很相似。他派出员工去对方企业进行了为期半年的考察工作，2002年1月28日，才与山东信发铝电集团合资建设年产16万吨的电解铝及配套发电机组，这标志着东方希望正式进军第二主业。同年10月，东方希望又正式签约年产50万吨的包头电解铝项目。生产电解铝的一个关键是上游氧化铝的原料供应。2003年6月，东方希望年产140万吨的氧化铝项目在河南三门峡签约，从此东方希望顺利打通了第二主业的上下游。

整体来看，经营中刘永行坚守住了绝不兼并破产国企、绝不轻言贷款、绝不空降人才的做事原则。他凡事量力而行，但不躲避问题，而是去拼搏。刘永行认为，企业必须关注事业本质，进行长期规划，并为未来而持之以恒地努力，一旦条件具备，就开始经营，做该做的事情，并反思这件事情在未来是否会变得更有价值。东方希望每进入一个行业，都是组合拳的打法，有最强的竞争力。刘永行认为，企业要考虑社会发展和行业的趋势，找到规律性的东西，要预估当20%的产业增速无法持续，产品价格越来越低的时候，会出现哪些不可回避的必然趋势。在资金安排方面，刘永行要求公司每做一种类型的投资要做七八种假设，考虑最好、最差和中间状态的情形，一般按照中间方案来执行。投入后趋势好，就加快投资；投入后效果不理想，还能退而采用下下策，进行防御。进可攻、退可守，这是刘永行的“中庸之道”。对于工程建造，刘永行则秉持最大限度节省资源、缩短工期的理念，为企业带来更多的相对优势。对于投资工业项目建设，刘永行要求规模化、自动化、机械化、少人化、露天化。对于厂房建设，刘永行则是要求要一体化、露天化、创新化，要勇于突破落后的设计标准，敢于颠覆固有模式，不过于拘泥传统经验及过分依赖设计院。刘永行认为，明道而非常路，就是要明确工艺路线，根据实际生产需要进行工程建设与改进，更为关键的是，产业在充分竞争条件下竞争的基础是消费者的价值观，即付出少一点、得到多一点。企业“做正确的事情”就要求为消费者付出多一点。这又促使企业在实践中努力创造竞争优势，“既好，又快，还省”。

刘永行做事是“九分搏、一分赌”，如果没有九成的把握，一般不会轻易出手。刘永行主张在做事的过程中需要咨询专业人士，多问别人意见，但一定要独立思考，创造自己的相对优势。从饲料生产向重化工业拓展，跨度实在太大，铝业同行和很多专家和学者都为东方希望这一举措捏一把汗。伟大的成果都来自辛苦的努力。刘永行在1996年到2002年的六年间，通过各个渠道学习重化工业的知识并亲身参与体验。为了获得电解铝的生产技术，做好进入重化工业的技术准备，他甚至违反自己的信条，通过借款给山西一家电解铝厂100万元用于缓解其经营压力来作为交换。他也鼓励自己的员工、总经理成为长跑运动员，为集团做出贡献，为其他员工创造机会，在为实现企业长远目标长期奋斗中实现自己的人生价值。他同时承诺，企业也将辅之以综合评比考核、人才培养机制等必要手段来加以激励。

创造相对优势，发挥后发优势

在刘永行看来，相对竞争优势是决定企业生死存亡的根本问题。所谓夕阳产业、朝阳产业并不是绝对的，关键是企业能不能在行业里建立起自己的相对竞争优势。许多强势企业的失败并非由于资金不够，也不是技术落后，更不是规模不大，而是没有相对优势。优势是取得行业竞争的重要标志，竞争环境中一切都在变化，任何企业只要把自己的相对优势充分发挥出来，避开自己的弱点，就能在市场竞争中取胜。企业创造无数个相对优势，就可以在市场中形成绝对优势，就能够继续前行。消费者的价值观是促进社会发展最重要的动力，企业的生存不是由政府、银行、领导决定的，而是符合消费者的价值观就可以生存，不符合就消亡。东方希望根据“付出少一点，得到多一点”的消费观来确定公司的价值观，为客户提供高性价比的产品。尊重科学规律，立足现状，走正确的工艺路线，最大限度做产业循环，不断优化小数据，将“势”和“道”的优势发挥到极致，从而创造企业的相对优势。

东方希望通过对标分析，减少原料消耗，扎扎实实提高效率，综合能源、资源、土地、水、劳动力和资金利用、建设和运作等所有效率，形成了自己的相对竞争优势。如果各要素效率都领先，企业可以大胆地做；如果只是部分领先，就需要分析优势、劣势的转换问题，预见优势范围，判断优势能够维持多久。企业从自己身上下功夫，去改变它、优化它，不能做到每一项最优，但是要做到整体最优，就可以产生相对优势，就会健康生存。例如，东方希望的总部搬迁到上海这一举动，看似上海成本高，地价、房价、人员工资和物价等都高，但是上海效率高。刘永行解析道：第一，时间效率高，上海交通发达，口岸优势明显，基本上直通全国各地和世界各大城市，也处于东方希望产业版图上的中心位置，去基地检查、直接参与国际国内贸易来去方便；第二，上海政府效率高，办事相对比较规范，企业无须额外花费时间去应酬；第三，与国际交流效率高，上海是国际大都市，世界 500 强企业和跨国公司云集，能够直接、频繁地与全球或国内优秀的企业家交流和学习，借鉴国内外先进技术和管理经验。另外，上海有高效率的国际金融平台、信息平台、科技平台和人才平台，能帮助企业快速融资，获取丰富的信息资源，在平等竞争的环境中能够提高企业的能力和员工的整体素质。这些要素成为东方希望把上海作为总部的原因。

刘永行认为，企业在审视经济形势时要着重“势”。“势”既包含内在的主势，也包括外在的形势。谈形势往往是眼睛向外，我们既要看形势，更主要的是立定自身。刘永行的“相对经济”战略强调，企业经营情况不依赖市场行情好坏，主要依靠自身的独特个性，通过精益化之路，竭尽全力创造企业的相对优势，企业才能长期生存。如果市场好，企业当然可以获得很高的利润。倘若市场不好，则正是投入的大好时机。市场行情不好，钢材、水泥等原材料价格降低，建设成本压缩，企业获得批复和资源会相对容易，资金也更为宽松，盈利也会更高，就能一枝独秀，获得大发展。企业投资一个领域，需要确定自己有什么优势，能够创造何种优势，与同行业强手有什么比较优势，是否可以承担投资失败的后果，如此方能安然度过市场的狂风大浪。一定要找出进入某行业的充分理由，没有相对优势不跟进，更不要贸然进行多元化发展。在传统的饲料行业，与外资相比，东方希望的流动资金均为自有，在投资上没有失误，投资费用很省，在人均生产效率上也比外资企业高一倍，有竞争优势。与其他民营企业相比，东方希望的品牌和市场占有率优势显著。这些优势综合起来就成为东方希望在市场竞争中的长远优势。初入氧化铝产业，刘永行提出露天化、集约化、自动化系列理念，当时建设一个250万吨规模的氧化铝项目，总投资需要200多亿元，固定资产都是

180 亿～190 亿元，占地需要 1.9 万亩，用工需要 1.5 万人。但东方希望的目标是 1/10 这样的投资，最终实现土地节约 90%，人工少用 90%，总投资控制在 100 亿元以下，建成后年节约能耗 18 万吨标准煤。该项目即使历经两轮金融危机，依然会发展得很好，始终具有相对优势。

刘永行认为，把握大势之后还要去审视与最先进的技术相比，看看企业的技术路线有没有优势，如果现在没有，何时可以把成熟的研究集成起来，通过自己的创造叠加上去，把它改造成为全世界最好的技术路线。这时往往后发优势起很大的作用。刘永行主张“甘然后进，反而先进”。“甘然后进”是承认自己做得迟、做得晚，这个时候不仅可以享受后进的“钱”，还要享受后进的“甜”。“反而先进”是指企业通过努力可以做到全世界领先。电的消耗、劳动力消耗、时间效益、土地利用率各项技术经济指标都要越小越好，在这个前提下，刘永行只需要抓小数据，抓细节。把浪费的东西捡起来，充分利用新项目降低生产成本，增加生产效率，做到行业最优。光伏产业前几年迅猛发展，但最终江西一家企业倒闭了，银行负债很多，东方希望决定投产最新的技术，把最好的技术用到这家企业上，企业就可以从“后进”变成“先进”。企业做“聪明的第二”，首先安全方面要做到最好，其次效率要做到最高，最后投资要做到最少。刘永行要求企业不一定做最大，但一定要做最强，尤其是在电解铝领域。2010 年，东方希望已经投产的电解铝产能是 103 万吨，中铝、中电的投资规模比较大，都是新厂房，中电的电解铝产能是 260 万吨，东方希望的电解铝厂是老厂房，利润率也很高。

生态利基：产业组合先进与技术先进

东方希望的实践证明，企业往往会在最初设计的业务或提供服务的市场之外获得成功。例如，本来专门生产氧化铝的东方希望三门峡铝业公司，偶然从生产过程中的分解母液里析出了稀有元素金属镓，最终公司的金属镓项目发展到占全球产量的1/5以上。另一个例子是包头煤电项目所产生的固体废料粉煤灰，最终被用于加工成环保砖和水泥，占据了当地砖市场80%的份额，该公司也成为国内首家成功生产高掺量粉煤灰烧结多孔砖的企业。技术上要先进，产业组合上要更先进。通常情况下，产业合理性的内在规律甚至比技术先进性更重要，做企业必须找到产业内在的联系，按照最佳的组合方式去做，依靠规律去克服技术知识的不足，这是刘永行在历经了很多教训后得出的结论。

产业组合利基并不是基于其技术和设计的高超，而是对新趋势、新产业、新市场和新习惯的系统分析。专门技术利基一般是系统调查创新机遇的结果，采用专门技术战略的企业家们设法追求能够研制出专门技术，并可以带来独有控制地位的领域。根据管理学大师德鲁克对专门技术战略的研究，技术利基战略实施有几个要点。一是时机是建立专门技术利基的基本要素，在新态势、新格局成型的早期，就立刻系统地寻找有关专门技术的机遇并充分研发；二是必须拥有与众不同的独特技术；三是企业必须不断地自己淘汰自己，拥有超出市场需求、客户期望和支付水平的改进技术，始终保持技术领先优势。

重化工行业本质是一个长循环技术的生产资料生产领域，中间产品差异性很小，在生产工艺上不需要什么深奥或者与众不同的技术，对现有技术的依赖大。而且该行业由国有企业经营，民营企业作为后来者，既丧失了建立专门技术利基的时机，在人才队伍和资金实力上的劣势也很明显。经济本质上是资源配置，企业集约化利用资源，企业的业务按照最佳的组合方式去做，发挥一体化耦合效应，才有长久的竞争力，才符合大自然的规律。企业按照循环产业链的思路进行资源配置，中间物资不落地就转化到下一个环节加工产品，消除低附加值产品长期的运输，即使在充分竞争、利润下降的时候，这套产业组合也可以使企业立于不败之地，除非有更先进的技术把它淘汰掉。目前，东方希望打通了电解铝上下游产业链，火力发电、氧化铝、电解铝生产三位一体也使刘永行能够通吃产业链上的大部分利润，电解铝企业的毛利率可达55%。技术改进容易，但工厂建成后则很难改变，产品生产分布在两个不同的地方，在现有框架内的技术改进作用就有限。

至少对于这一行业的民营企业形成持久竞争力而言，产业组合先进比技术先进更重要。这一规律的前提是企业家乐意接受为意想不到的产品的出现或者能为意料之外的客户提供服务。如此，企业才会开展各项试验来评估自己产品的真正潜力，以及进入该市场后能否充分利用现有资源。

练好使用资金的真功夫

刘永行与同时代的宗庆后、曹德旺都无一例外地坚守着靠自有资金内生性增长的传统。刘永行对引进战略投资者不太感兴趣，认为通过内部管理也能把企业做好。重化工行业风险太大，需要长远的规划和布局，也需要足够的耐心静待花开，而战略投资者大都倾向短期获利。另外，东方希望的饲料业务发展不需要借助资本杠杆，饲料盈利非常好，三个工厂一年的利润可以新建一个工厂，整个集团饲料业务一年的盈利可以再建 100 个工厂。整个希望集团饲料这一块规模就有 2000 万吨左右。依靠上市募集来的资金发展饲料业很难有核心竞争力。而且，刘永行不让资金固化到固定资产里，加上他良好的商业声誉，饲料业的现金流良好，东方希望可以依靠饲料业的积累哺育重工业。

刘永行认为，有效利用资本杠杆是一门艺术，对于企业发展并非坏事，只是做实业的企业一定要审慎规划资金的用途，预想各种不利情境下自己能否平稳生存。中国企业的实践证明，民营企业的内部矛盾大多出现在所有权和控制权之间，即董事会的创始人和投资者之间。由于利益不同，潜在的冲突随着时间的推移会不断增加，创始人倾向于维持私有、拓展业务，而董事会成员可能希望公司尽快上市，为自身盈利。刘永行也看到了，过度依赖金融工具和资本手段的企业，在全球经济形势急转直下的时候将受到致命一击，甚至倾覆。他把做实业比作蒸馒头，资本杠杆则是发酵粉，只能适量用一点，基本还是面粉。做实业又好比马拉松赛跑，运用资本杠杆好比服用兴奋剂，花自己的钱则是凭自己的实力跑，虽然慢一些，但是比被罚出场甚至终生禁赛要强很多。刘永行说，靠跑银行或上市融资弄来几十亿元，他害怕自己意志力薄弱，让宽裕的资金搞得头脑膨胀，企业快速扩张，由于短债长投，最后会将企业推向绝路。这恰恰是很多民营企业最终出现资金链断裂的根源。

刘永行宁愿用自己的钱，让企业变得更实一点，哪怕是以牺牲发展速度为代价，也不愿意为求快去花明天的钱、去用资本杠杆。他始终让自己身上带有一点当年养鹌鹑的“气味”，在投资花钱上时时警醒自己。1999年，东方希望的总部从成都迁至上海时，正值上海地产业启动期，这是一个很大的诱惑，但刘永行自认为地产行业不是他能干的，不符合公司经营理念的生意就不能做。2002年，他在考察上百个重化工项目后，最终选定电解铝行业。电解铝行业是资本密集型行业，对于国内民营企业来说进入门槛很高。刘永行计划，公司靠提高效率能够将投资降低一半，但对这个产业的投资还是要达到50亿元，对于以饲料起家的东方希望来说也是一笔不小的数目。正式进入这个产业之前，他足足准备了六年的资金、技术、人才等各种要素，其中关键的还是资金。包头电解铝项目一期投资的20亿元全部是东方希望的自有资金，后期建设主要依靠滚动发展模式。正是他这种投资扩张上的稳妥和财务上的保守平衡，帮助电解铝项目顺利渡过难关，也造就了东方希望的文化底蕴。刘永行笑称，重工业靠老母鸡孵化出来，基本完成了农业哺育工业的使命。

与房地产和上市保持适当距离，让刘永行没有跌入复杂的陷阱中。诚然，刘永行并非始终抵触运用金融资本。2010年，媒体人秦朔第一次听他表示不排除上市的可能。2016年9月，在接受第一财经访谈时，他再次表示，企业如果未来向农业上游、重化工领域，以及农业与重化工循环产业发展业务需要大量资金时，在适当的时候也会考虑上市。即使花别人的钱，刘永行也非常“谨慎、精明”，基本自有资产投入对比银行贷款额不超过1∶1。由于企业拥有良好的信用，银行争相贷款，他可以跟银行提出一些优惠条件，以免利息太高给企业带来太重负担。

第三章

创新：大道至简

美国经济学家威廉·鲍莫尔认为，资本主义自由市场经济增长的奇迹在很大程度上归功于创新。自由市场中真正占据主导地位的竞争是新产品、新技术的竞争，这种竞争冲击的是现存企业的基础和生命，而非简单的盈利空间和产出能力，市场上的竞争压力迫使企业坚持不懈地投资于创新活动。综观全球企业史，尽管有大量特例可以证明许多大企业成绩斐然，但20世纪重大的突破性创新都不是来自当时的大企业，甚至于根本不是高科技企业。与常识相左，管理大师德鲁克用数据说明传统行业创新的机会远远多于科技行业。20世纪80年代美国有3/4的创新企业来自传统行业，它们几乎没有什么高深莫测的科技，但它们的创新对行业的格局产生了深远的影响，如卡车司机发明的集装箱，就完全改变了港口乃至世界航运的格局。

东方希望深耕传统制造行业，它的成功证实了传统行业中的企业即使不曾有高精尖、令人叹服的发明，也能将创新常规化，独立且常规化的创新又能为企业基业长青源源不断地注入动能。它们始终为组织成长提供关键性的技术突破和至关重要的增长激励。这套激励机制将创新从一个充满偶然性和随意性的过程转变成一种系统化、常规化的活动，从而使创新过程中的不确定性趋于最小化，使技术更新的风险最大限度地降低，每一项创新都给下一项创新提供了前提，激发进一步的创新，同时加速了创新在企业内部的快速扩散。东方希望之所以能成长为行业内举足轻重的企业，主要得益于其发展过程中由“传统”向“创新”、由“单一”向“多元”、由“粗放”向“集约”的创新转型。

作为企业的掌舵人，刘永行坚信一家企业如果任凭竞争对手在产品和工艺创新方面远远超越自己，那么死亡就离它不远了。企业要想保持竞争力，就应该做到即便在最成功的时候也必须变革创新，告别旧思维，“唯改变者进，唯创新者强”。解决企业现存问题最好的方法之一就是发展，不断地改进创新，创造更多的企业价值，为员工创造更多的福祉，让员工健康、体面、从容地工作和生活。不过，石油化工和水泥行业的经历也让他时刻警醒：在不确定性因素太多的情况下，技术创新太多反而会错过最好时机。成功的创新者往往都是从小规模的创新开始，从简单的创新开始，正如德鲁克所界定的，凡是能使现有资源的生产潜力发生改变的事物都足以构成创新。东方希望不囿于技术突破创新，积极鼓励集成创新，更多关注管理和企业运作流程上的创新和修正。至于如何到达创新的彼岸，刘永行推崇企业保持开放的态度，集众家之所长于自身，“你学得好，我学过来，我自己再创造，比你更先进”，如此，企业才能立于不败之地。在实践中就是向外资企业学一点，向国有企业学一点，向个体户学一点，自己再创造一点，东方希望今天的成就立基于此。

综观刘永行涉足经营的领域，从最初的养殖饲料行业扩展到传统重化工行业，再到重化工与农业产业循环融合的领域，跨度不可谓不大。如何避免落入业务创新的陷阱？刘永行认为，创新的基本原则应该是单纯至极、大道至简，不论什么神秘的技术都逃不掉物质不灭定律和能量守恒定律，基本规律就是锁定“能量”和“物质”，再高深莫测、错综复杂的问题最终都会回归到这两点。瞬间能看清本质的企业家，和一辈子也看不清本质的企业家，在开展企业创新方面必然有完全不同的命运。由于没有重化工业历史的创新经验，以及文化和总部对知识流动的约束，东方希望反倒得以通过自由选择创新轨迹、交流模式、合作方式去超越历史悠久的竞争者。后来企业主要采用以需求为主导的新产品开发和创新方式，把一系列技术有机组合起来服务于市场需求，做技术和市场知识的整合者和传播者，从而以比竞争对手更快的速度、更好的工艺和更低的成本将产品投入市场。刘永行也并不讳言企业独立创新有很大的风险，规避风险的一种积极方法可能是变革创新前的探索，尊重事实，“大胆立论”加“小心求证”，新措施或者新产品先试点，有了经验积累和实验效果后，再全面推进。公司经营应始终保持相对优势，以正确的市场销售正确的产品或服务，持续产生用于充分投资未来的现金流，而对于未来的投资又是创新所需要的。当然，另外一个关键要素是诚信，有了诚信，就很难出局。检验创新的重要标准就是是否有助于提高效率，要把各方面的效率做到极致，确保企业所有的行为都是有效的、正确的。

锁定“能量”和“物质”，形成创新生态圈

创新是一场思维运动，思想要创新，行动要符合实际。对于企业而言，持有先进基础技术，无法开发产品原型，或者企业做出产品原型，但没有配套软件可用，实际上都属于创新失败。企业技术创新不能是堂吉诃德式的，也不能指望拿来主义。而且，企业创新不光是指技术的重大突破，有时它就是一种观念的转变。企业和

企业家首先不能自我设限，要通过不断地质疑，透过现象看本质。刘永行常常会问："你的物质到哪里去了？你的元素到哪里去了？你的能力浪费了多少？"他靠着看书、看报、看杂志慢慢研究，结合实地考察，在他全然陌生、大众心目中高不可攀的重化工行业做成了世界最高水平，让世人瞠目。

刘永行接受公众媒体访谈时坦言，自己进入劳动密集、资本密集、技术密集的重化工行业，经营没有什么秘诀和窍门，就是抓住"能量"和"物质"极其单纯的两个原理，多问几个为什么，就会问到最简单的东西上，最简单的问题往往容易判断清楚，从而找到好的解决方法。人类的遗传基因由多达30亿个碱基对排列构成，但是表达基因的密码种类仅有四个。在企业经营中不管多高深、多神秘的技术，凡是有数量的东西，引导到最后，物质的分配、人力资源分配等所有的东西都逃不掉物质不灭定律和能量守恒定律。任何行业的经营其基本原理都相同，而且单纯至极，没有那么高深的原理，抓住复杂现象背后单纯的本质这种思考方式极为重要。

刘永行死死抓住"能量"和"物质"，研究物质和能量的去向，把废物和未利用的能源都变成资源，依据这个单纯的原理和实事求是的精神，做出判断和处理，来克服技能、知识、管理流程不足的问题，以遵循大自然规律的正确方式将向往的事业贯彻始终。企业回归原点，让科学本身的逻辑和规则来起作用，才不会被复杂的现象所迷惑，不为狭隘的心理所束缚。有很多科学的规则是以文化基因和传统的形式存在和延续的。刘永行要求企业在实践中努力做到"能量损耗最小化、中间物质不落地"。这一朴素思想引领企业创造了一个又一个产业辉煌。例如，进入电解铝产业，是因为这个行业和饲料有关。生产饲料需要赖氨酸原料，当时中国主要从美国、日本和德国进口；生产赖氨酸，需要玉米，工厂应该建在北方；生产需要大量蒸汽，所以要配套锅炉厂；生产需要电，还需要建立发电厂。这样，做电解铝的产业布局就清晰了，即在盛产玉米的北方建设电解铝厂，同时自己建发电厂，发电厂主要对接电解铝厂和赖氨酸生产车间。正是对生产体系内的所有物质的来龙去脉、所有资源能量进行最充分、变废为宝的基本原理运用，东方希望打造了一条又一条如“铝电复合→热电联产→赖氨酸”“煤谷→电谷→铝谷→硅谷→化工谷→生物谷”循环产业链，最大限度地实现了技术创新，开创了产业发展新模式。

刘永行用多晶硅厂的例子说明创新的含义。新疆最大、最优秀的企业投资100多亿元，用两台发电机组来建立年产1.5万吨规模的多晶硅厂。东方希望也做，但跟它做的完全不在一个层面上，这就是创新。刘永行锁定能量和物质的创新思维与西方管理集大成者的理论思想一致。管理大师德鲁克劝诫企业家，创新时要切记“不要太聪明”“不要有过多花样，不要分心，不要一次做过多事情”。在解说隐形冠军时，著名管理专家赫尔曼·西蒙提出企业家创新要具备三个基本条件：创新是工作，创新需要勤奋、恒心和责任，要把创新变成辛苦、专注和有目的的工作。要想成功，创新者必须立足自己的长项进行创新和改革，要从小处着手，从小事启动，看到方向，做到心头有数，慢慢延伸。不要一下就拿出一个不切实际，也无法落地的大框架来，要的是一点点小改革，一点点小进步。引导人们走上正确创新之路的单纯原理原则，往往产生于经验和实践。刘永行在企业经营中感悟到，为消费者提供优质的产品和服务才是企业经营的根本，消费者的基本价值观是付出少一点、得到多一点。企业竞争的基础是消费者的价值观，必须满足消费者的这种价值观，根据能量守恒原理，作为供给方的企业相应地需要为消费者付出多一点，把自己的利益放在后面。

思维方式、习惯、管理制度都可能束缚企业的创新或创新发展，企业应在秉承对人类和社会永恒持久负责的精神和思维方式的基础上，对新生事物采取开放的态度。企业创新要了解自身产品、流程、工艺等与国际的差距，企业产品和技术创新一定要结合前沿科技的发展，才能把握方向，取得竞争优势。刘永行和他的企业不断研究产业的转移和升级，研究技术的更新迭代，研究世界先进国家如何以消耗最小的自然资源和人力资源来生产产品。东方希望做氧化铝，走了一条非传统的路线。传统上，同样的产能需要占地一万多亩，项目需用一万多人，东方希望用最现代化的技术使土地占有和人员使用减少了 90%。2010 年，新铝管理片区已建成发电量为 450 万千瓦的特大型电厂，发电成本做到了全世界最低。

创新需要专注，必须在一个行业、一个领域中进行长期积累之后，才能形成突破，简单的事情做到极致就是绝招。创新不一定需要高科技，高科技不能够改变经济规律，不能够改变商业的本质，只能帮助我们更有效地解决商业的本质问题，帮助企业进行管理革新。东方希望的各级管理者都不断对“术”进行研究，加强小数据管理、保持创新的工作氛围。企业对生产现场劳动强度大、重复、作业环境差的关键环节，最大限度地用机器代替人，让员工从繁重的劳动中和危险的环境中解脱出来，去从事创造性、改进性的工作，以此确保设备运行的可靠性，避免安全隐患，最终实现产品质量的提升。诚然，企业创新还需要运用数据来论证其可行性，研究事物的本质。东方希望通过数据分析，继续对阳极炭块机械涂料喷涂技术进行优化。通过小数据对标，东方希望生产的铝合金圆棒的外观和质量有了明显提升。现在，东方希望正在实施超低排放改造，排放标准甚至优于欧洲标准。新疆新铝管理片区用水可以节约 80% 以上，耗水量相当于上海外高桥几个大电厂耗水量的 10% ~ 20%，工厂的水更是做到了每一滴水（哪怕是废水）都不外排，并且把收集的雨水纳入生产系统中。

犹如物质的出现与幻灭、能量的汲取与损耗时而无定数一般，许多创新本身是企业在实践中遇到了当时不可解决的难题，急中生智、抽丝剥茧催生出来的。把企业在大量实践中沉淀下来的方法和基本工具坚持用下去，就会获得创新的“意外之喜”。东方希望三门峡铝业公司利用循环经济，长期关注废弃物回收利用，偶尔发现并从电解铝废液中分离出稀有金属镓。继而，研究从氧化铝分解母液中回收金属镓的关键技术及其产业化，获得了国家 700 万元科技奖励。目前该公司生产金属镓的产量已占到全球总产量的 1/5 以上。

在模仿性和试错性学习中进行生产性创新

不同于西方以劳动节约的资源密集型技术为特征的分工模式，我国工业经济的发展主要受资源节约的劳动密集型技术驱动。技术本身的先进性在历史上常常只持续很短的时间，其中一个原因是技术通过市场机制的传播而获得利润，从本质上加速了对过时产品和工艺的替代。当代生产研究规模巨大，单个企业不可能面面俱到，日益依赖交流和协作，技术交换可能巩固企业的竞争地位。如果一家企业为它的竞争对手提供技术，两者形成互惠、共用发明，相对于仅仅依赖于自有资源开发产品和工艺的其他竞争者来说，前两家企业的实力更易得到壮大，此时市场竞争本质上是采用新技术的学习竞争。我国制造行业的创新之路通常来讲，要么是基于模仿性学习的集成创新，要么是更多仰仗试错性学习的平台化创新。企业在没有创新性的产品和服务能力之前，其创新不可避免地变得更具合作性且更加基于生态系统，而能否充分消化先进技术，又取决于企业自身对创新制度的适应程度。

日本企业从模仿发展为自立的经验，在于建立有效的技术输入管理机构，以及改革组织结构。刘永行同样深谙如何在借鉴外部发展模式、管理经验、技术乃至制度的基础上，根据中国国情、当地文化和企业特性进行适应性改造，并成功地将其应用到生产经营之中，实现自主创新。

东方希望进入重化工业的时间虽短，但能跻身行业先进，就得益于在进入重化工行业之前总结前人失败的教训，博采众长，吸收了他人成功的经验。刘永行主张循着“走出去，请进来，集众家所长于我身”之路，把外资企业、国有企业、民营企业好的东西学过来，从外企、国企、民企同行处获取现有技术信息和经营的经验教训，以此再创造一个新的企业。刘永行强调，对于别人哪怕是一点先进的地方，都要足够重视且放大其先进之处，企业应该通过学习他人巩固自己、超越自我。

企业要成功，还必须从灵巧的模仿者成长为熟练的知识整合者和创新者，战略性地优化创新能力，以及通过加强沟通合作提高自身对知识的吸收能力。刘永行擅长平衡以新知识、新技能为特点的探索式创新与基于已有知识的利用式创新之间的关系，以更低的成本创造独特的价值，应对由于循环周期、科技进步、市场增长和成本控制造成的压力。在这个过程中，他领导的企业就会不知不觉领先了。刘永行认为，商业管理中学院派的理论和咨询公司的意见大多是中庸之道，企业应该重视实践，慢慢思索，慢慢考察，慢慢积累，实干出来的经验比任何理论都有效。要想创造自己的相对优势，就必须与众不同。

不过，这种“干中学”策略描述的知识积累过程仅限于现有的技术，面对新市场和新技术时，企业的知识来源于尝试性学习，这时的创新是一个试错的过程。东方希望基于试错性学习的创新管理有着鲜明的特色。首先，东方希望开诚布公地解决不愿意尝试新方法、相互不理解、相互推诿，或者对来自不同文化或竞争区域的人不信任等导致集团创新网络协同困难的问题，增强分布在不同产业和地区的创新团队之间相互合作的可能性。其次，雇用有丰富知识背景的人才，与公司合作方、高校或研究院所等建立有效的连接，建立与行业创新前沿沟通交流的通道，实现全面创新。最后，东方希望的业务版图分散，地区间文化差异及在价值链中不同位置，在区域间传递复杂的、内容独立的知识时，容易造成交流障碍和信息失真。所以，企业必须扎根于当地文化和遵守规范，把企业所在地作为永久的创新基地，并结合中间人或者其他开放资源进行学习。

· 向外资企业学一点

无论是在饲料行业创业初期，还是尝试进军重化工业且苦寻不得其门的时候，乃至后来进入完全陌生的氧化铝行业，刘永行本能地想到的是向外资企业学习市场运作方法、管理经验和技术。他的企业主要是在研究外资企业的过程中成长起来的。正大集团一直被他视作饲料行业的风向标。他坦言，1991 年他们开始办集团公司，准备在全国各地布点时，根本没有资本经营的概念，于是就学习正大集团的经验和他们的判断力，审视产业时把眼光看得更长远一点。正大集团有丰富的洞察市场的经验。刘永行多次与正大集团中国总裁交流，请教中国饲料整合问题。当然，正大集团后来遭遇金融危机，在中国市场的规模扩展过大，出现了借贷过多、适应性不强等问题，这些都给其他企业起到了警示作用。

1996年，刘永行毫不犹豫地选择了重化工业作为第二主业。但他对重化工业的庞杂、跨国公司的庞大产业和多元化经营百思不得其解。他甚至曾考虑到中国台湾的“经营之神”、化工业巨头王永庆先生手下打工三年，学习操纵庞大资产、做大产业的经验。他从未停止过对王永庆思想和经营理念的追踪和研读，王永庆“强力打通各产业上中下游”的经营理念也成了东方希望进入重化工业的行动指南。刘永行以王永庆的思路为参照，倾力探索构建如何将新产业连接到饲料业的产业链上，最初被发现的结合点就是赖氨酸。当时美国、韩国和日本是中国赖氨酸的主要供应来源地，而东方希望恰好是韩国味元集团的最大客户。刘永行从中了解到了一组数据，生产一吨赖氨酸需要2400度电、20吨蒸汽。之后，他开始思考这个高耗能产品的技术门槛到底有多高、热电联产能否降低其成本等问题，并于1996年成立了成都研究所。自此，刘永行形成了“铝电复合→热电联产→赖氨酸→饲料”相对完整的产业链概念。不过，后来他选择了先把业务拓展到“铝电复合”的上游——氧化铝领域。在2006年氧化铝厂正式投产时，他坦言正是因为学习了澳大利亚氧化铝厂的规模化、集约化、自动化与现代化，他的三个工厂建成后都很成功。

·向国有企业学一点

刘永行非常认同国有企业的组织管理和学习风气。在寻找重化工业切入口期间，他每次出差去各地检查饲料厂都会刻意避开大企业，顺道去当地的小型重工业企业那里找企业中的技术人员沟通，打听当地的能源基础和产业状况，从此建立了业务概念和追踪体系。1996 年，为了追踪铝产业，他打破自己的借钱原则，悄悄地借给山西一家小铝厂一两百万元资金，以此拿到这家企业的相关报告进行分析。在考察这家铝厂的过程中，他获得了灵感。最初他只是听说晋煤发电做电解铝成本很低，但是在看到火力发电的白色蒸汽后，他马上意识到，一方面，可以利用投资地的低成本煤炭能源发电供给电解铝厂；另一方面，发电产生的蒸汽也可用于生产重要的饲料添加剂——赖氨酸，生产赖氨酸的废料又可以转化为饲料或化肥，这样他发展重化工业循环经济的概念初步成型。

东方希望也积极参与国企改制，通过学习国有企业的技术和经验发展新业务。刘氏兄弟的饲料企业刚开始走出新津县城、走向全国的时候找不到立脚点，就采用合资的方式。1995 年前他们建的饲料分公司大部分是合资工厂，企业无须进行大规模项目建设，可以低成本地利用国有企业的厂房、设备、品牌和技术，快速实现资本和产业能力扩张，并充分利用自身的资金和灵活的机制，实现民营企业与国有大中型企业的合理“嫁接”。在新行业发展前期采用合资方式也被推广到了重化工业领域，2003 年 7 月，东方希望联合其他三家股东，在河南省渑池县启动了年产 105 万吨氧化铝项目，冲进被外资和大型国有企业把持的电解铝上游。不过，与国有企业的合作让刘永行初尝了项目中参与方太多而付出太高整合成本的痛苦，特别是人的整合、观念的整合会耗费企业太多精力。在积攒了一定的实战经验和经营资金后，刘永行自 1995 年开始坚持所有的饲料厂都独资，重化工行业则是自三门峡氧化铝项目后他再收购企业时，就坚决等当地解决了内部员工的问题后，才接手固定资产。尽管如此，刘永行却从未停止过与国有企业开展合作的探索，东方希望与中铝公司、山东创新金属等企业进行密切合作，与义煤集团结成战略合作伙伴关系，形成了共同增效的双赢局面。

·向民营企业学一点

民营企业由小到大的成长经验非常珍贵，这个群体非常注重效率。山东聊城的民营企业信发集团可以说是东方希望进入重化工业的引路人。东方希望投资在山东聊城的饲料厂旁边有一个信发集团的热电厂。该厂同时建有一家年产 1 万吨的小规模电解铝厂，并准备将其扩建为规模达年产 15 万吨的铝电一体化工厂。由于项目资金有限，信发铝电集团邀请东方希望投资入股。刘永行意识到，这是他切入铝电一体化项目的好时机。2002 年 1 月，经过半年多的考察论证，东方希望在山东茌平与信发铝电集团合资成立山东信发希望铝业有限公司（简称信发希望铝业），共同建设年产 16 万吨的电解铝厂，总投资 15 亿元，东方希望控股 51%。当时尽管信发希望铝业拥有 31 万千瓦的热电厂，但由于热电厂周围集聚的几十家刨花板厂需要使用大量蒸汽生产密度板，导致赖氨酸项目没有启动，以免形成“争汽”现象。2003 年 11 月 28 日，信发希望铝业生产出了第一块铝锭，这块铝锭至今都摆放在东方希望总部的会议室里。然而，新公司似乎生不逢时，虽然信发热电集团具有丰富的火力发电经验，合资企业的发电成本能被控制得非常低，然而 2008 年煤价暴涨，火力发电成本上升，氧化铝的价格亦由不到 2000 元一吨上涨到 3700 元一吨，信发希望铝业不得不面对巨大的成本压力。从这一项目的运作中，东方希望掌握了铝电行业的特点，为更大规模的投资积累了经验。后来，东方希望将持有的信发希望铝业 13%的股份溢价转手卖给了山东鲁能集团。

·自己再创造一点

在熊彼特的企业家理论中，企业家是独立的创新者，他们提供了多数的更具革命性和独特性的创新。企业家没有现成的机会可以学习，就只好自己摸索。刘永行创办的企业一出生就似乎风华正茂，竞争力更强，诀窍在于有目的、有方向地使现有资源的财富生产潜力发生改变，从集成创新的过程中“走出去”“请进来”，变后进为先进，本着回归本质、以满足实质需求的目标进行创新。刘永行信奉，一旦进入某个领域就不能跟大家做的一样，一定要有超越，要与世界强手相比，企业只有做得到比它更强，方能生存。东方希望结合本国市场特点和企业的能力，开辟了一条独特的集成之路。一是在项目启动之初，东方希望就在技术上主动直接对接国际先进水平，对标行业先进数据，采用当时甚至是未来10年内世界上最先进的技术标准进行建设。例如，东方希望新铝管理片区公司建设电解铝项目，直接应用了处于世界前沿的500千安培电解槽技术，投产以来无论是劳动效率，还是各项能耗指标均已达到世界先进水平。二是在引进先进技术的基础上进行“创造性模仿”，融入自身对客观事物的认知，通过注入新要素实现技术落地。东方希望尤其善于从相邻行业或现有知识集群中开展移植创新和渐进式创新，重塑行业地图。三是在后续的生产经营中脚踏实地而不好高骛远，以循序渐进的方式进行企业知识、技术和档案积累，努力赶超行业先进水平。东方希望的创新往往立足于自己的专长，围绕与现有事业有共同技术或市场知识的领域延展，主要包括以下三个方面。

一是知识和技术移植。

在全球工业史中，纺织机、蒸汽机、机车、拖拉机、汽船的出现大都是传统的机械工程依据经验改进的结果，这表明技术发展最常见的方式是传统技术的延伸。在饲料行业创业伊始，刘氏兄弟拿出自己的特长，泡图书馆、查阅各种资料、跑市场、请教农技专家，把可能利用科技致富的门道都尝试了一遍。他们始终坚信，只要掌握了技术，成本能降下去，就可以搞出名堂。在查阅了大量日本、韩国、德国和法国养殖鹌鹑的相关资料文献后，他们尝试把电子计算机技术应用到饲料调配和育种选样中，并摸索出了一套新型的养殖方式。这套用鹌鹑粪养猪、猪粪养鱼、鱼粉养鹌鹑的生态循环饲养法大大降低了鹌鹑蛋成本，赢得了市场。刘永行后来从反馈、平衡等多维度总结出经营饲料厂的经验心得，系统地对知识进行编码，并建立起了强大的沟通网络，避免知识产生“黏性”，从而被禁锢在某个区域内。

在发展重化工业的过程中，刘永行召集国内外的专家教授、科研人员和企业内部的科技人员，组成技术研究团队，组织他们赴俄罗斯、美国、波兰、澳大利亚、法国等技术发达的国家和地区考察学习，借调不同区域项目中、不同行业背景下的经理人员，建立起了复杂知识持有者之间的联系，打通饲料行业与重化工行业内部及产业之间的知识交流与转移。不同知识的交叉和转移容易在传统领域中引发技术的飞跃。东方希望在饲料行业诸多成功的实践知识被移植到重化工行业，如水泥公司沿用饲料行业“均匀放料、封闭放料、加装排气孔”的管理思路，解决了由于骨料输送产生的扬尘和噪音问题；晋中铝业对餐厅操作间及库房的现场规划布局、5S 管理、调料台的设计布局等餐厅管理的优秀做法在全集团得到推广；包头化工厂采取自动装车系统全面实现了一件流，自动化替代叉车和人工装车的做法被推广至集团内的水泥公司。

二是实施物质替代创新。

在研制饲料的过程中，刘氏兄弟不断地采用土方法，在保证饲料质量的前提下，用本地特有的产品替代成本过高且难以获取的原料，如用蚕蛹替代进口鱼粉，进而又用奶液下脚料、工业奶粉进行科学配方，反复试验，提高乳猪饲料转化率。刘永行先后投资近5000万元进行广采精选，筛选出33个配方用于试验。这种原料配置生产的饲料符合营养标准，在大大提高消化率的同时也降低了成本，做到了物美价廉。这一创新经验也被移植到了重化工业领域的创新活动中，东方希望在铝电一体化项目中采用电石渣替代石灰石粉脱硫，每年可节省2000万元的石灰石采购成本。包头希铝公司用“石灰石—石膏湿法脱硫”装置替代“氨法脱硫”设施，有效降低了二氧化硫的排放，改善了白烟情况。重庆水泥采用汽轮机替代传统高压电机，改变水泥磨、窑尾高温风机、生料循环风机、窑尾排风机的拖动方式，每吨水泥可节电15千瓦时左右，能耗降低将近20%。

三是持有未来思维，专注技术改进。

刘永行引进最先进的技术，并非模仿生产当时市场上先进或紧俏的产品，而是对未来的竞争力做了大量的研究，以确保企业的生产运营水平处于当下甚至是未来十几年内的最前列。企业照搬他人的技术，会让自己的命运掌握在他人手里，往往投产之时就是倒闭之际。东方希望很少引进国外先进设备，只有一些精细程度或者质量要求很高的设备才采用进口，避免被对方拿捏影响到企业竞争力。

另外，如果企业服务跟不上，企业也会死掉。企业经营者如果能用普通的设备，经过自己的改造，做成了先进的产品，这才是真正的能力，企业才有生命力。

在东方希望独资建设第一个自主研发设计的渑池畜牧现代化养殖场时，刘永行就要求引进国内外先进的养殖技术经验，要求从技术理念的设计回归、养殖使用的本质需求进行深入细致的探究，关注每个细节，结合企业自身的经验，以技术改进为主，不断总结与完善。初入重化工业，东方希望仅用一年时间，投入20亿元，便建成了年产25万吨原铝生产规模并投产。无论是投资决策周期还是建设周期均只有国际通行标准的1/3，创造了世界工业史上的速度之最。电解铝项目将刘永行的这一创新秘诀演绎得最为淋漓尽致。该项目启动之初，刘永行就提出员工平均年生产率达到300吨的高远目标，这在国内年均劳动生产率仅为30吨左右的当时犹如天方夜谭。但东方希望在努力5~7年后，企业劳动生产率就达到了最初预设的世界平均水平，现在生产效率又翻了一番，达到了年人均生产600吨的世界最高水平。在做山西晋中氧化铝厂时，原定在1200亩的土地上建设年产120万吨的生产能力，刘永行带领团队通过6式8版的技术修改后，生产能力达到了年产600万吨。而且，重庆水泥厂已对原料、分解、焙烧、煤气、压滤、机修、石灰厂等车间进行了累计近千项技术改进。在设计时充分利用落差、压差，采用溶出车间排空乏汽代替部分新蒸汽，用于加热蒸发车间母液，实现零排放的同时，蒸发的汽耗流量每小时也降低了0.12吨，这项技术改进每年为公司节约成本3200万元。生产线上则是充分利用势能传输并发电，采用工业汽轮机驱动风机、磨机，并且取消了预均化库，采用电子配料。在水泥装车环节整合移动式吸尘与移动式装车，技术改造后能够有效地收集空气中90%以上的粉尘，大大优于国家规定的呼尘限值。在多晶硅生产中选用安全、节能、环保的改良冷氢化技术，完全闭环生产，符合世界多晶硅技术的发展趋势。

刘永行通过自身不断努力学习，身先士卒，担当了企业创新中的“多面手”，保持了东方希望旺盛的创造力。他每天保持着阅读铝业新闻杂志，访问网站、了解最新技术前沿与行业动态的习惯，通过期刊、会议、贸易展览和其他学术资源等科研渠道，获取全球铝业和相关业务的最新技术与生产率信息，同时通过客户、竞争者和供应商等市场渠道获取新知识。东方希望的总部迁到上海以后，他几乎每周都要会见国内外企业巨头，与美国、日本、韩国、俄罗斯等国的企业家沟通和交流思想，把握行业未来的发展方向，使企业向着创新的道路发展，而不是囿于已有的成功。每次去各大实业基地现场检查，他都能就技术改进或建设方案提出具体意见，成为企业活动的"百科全书"。以在新铝管理片区的一次检查之行为例，刘永行首先在生物部预混料车间提出赖氨酸生产线在保证有边际贡献的前提下要满负荷生产，将设备产能发挥至最大化，不断研究提高产酸率和转化率的方法，赶超同行业先进水平。行至圆棒生产区，他要求铝深加工项目逐步生产附加值高的高精加工产品，不能停留于目前的"常路"。走到电解铝部后，刘永行则与管理人员共同讨论电解槽运行过程中的工艺改善，要求最大限度地做产业循环，在做好环保的同时创造企业的相对优势。来到阳极组装车间，他对残阳极清理效率及碳块一件流提出了更高要求，并现场讨论制定组装碳块的烟气治理方案。在氯碱化工部，他又强调推广成品自动装车项目的经验，要用自动化、智能化系统代替人工劳动。

刘永行强调企业创新必须紧跟时代的步伐，指出当前以互联网、大数据、人工智能为代表的信息技术在各个领域被广泛深入运用，创新必须结合信息技术的发展趋势。定制化、数字化、智能化、互联网化将成为制造主流。创新还需重点解决当下问题，重化工行业现在最大的问题是污染严重，污染物排放容易超标，空气、土壤、水污染严重，以致食物、植物都受到污染，创新要围绕解决这些问题进行。东方希望的大多数产品属于资源性产品，产品附加值逐步降低，企业必须使传统产业向高端化升级才能生存和发展。集成创新是后来者居上，最终可以在一个特定的市场里取得重大进展。东方希望的铝业业务未来将走高、精、尖科技发展之路，一是向精细化工和化学品氧化铝方向发展，投资超细高白氢氧化铝及阻燃剂、拟薄水铝等相关项目，提高氧化铝的附加值；二是向高端铝合金工业型材、铝板带箔方向发展，如生产航空航天、高速列车精密铸件等产品；三是稀有金属镓产业链向高纯度镓、砷化镓、氮化镓等新兴半导体材料方向发展。实践中，在整合各个领域知识的基础上进行创新的范式正在逐渐取代“以科技为依托的创新”。

集众家之所长于一身的公司始终鼓励员工发明创造。刘永行喜欢与他的员工讨论正在进行的创新活动，主动搜索和吸收新知识，思考如何快速地学习和跟进最前沿的技术，开辟更加广阔的战线，而不是局限于某一方面的努力。在东方希望，公司建立制度规定员工进行学习，并且通过学习型组织和教练学校，对员工进行定期教育或专项培训，传递给员工企业当前的工作内容，推动形成能够促进新知识获取和应用的团队。东方希望由此得以建立了一个强大的知识库，监控新知识的进展，持续记录和跟踪进展顺利及不顺利的新知识，并利用这些信息有效推进企业内新知识的搜寻、吸收和利用这一持续循环。东方希望整合源于从组织外部借鉴、从日常生产经营中提取、通过聘请顾问购入的新知识，建立了强大的知识枢纽。在东方希望发展初期，总部或领头子公司是关键知识的源头。随着在特定市场上对特定技术知识的积累、对当地生态系统的了解，以及客户新要求的不断产生，地方子公司逐渐成为特定领域的专家，进而使传统的知识流方向发生调整。

总部或领头子公司也需要向地方子公司学习，总部与各区域企业形成双向学习关系，独特的知识在集团内部自由流动。东方希望已经形成了某一子公司或部门的成功做法会被复制推广到整个集团内部的公司文化。

目前东方希望依托在国内建立的知识枢纽，主要投资东南亚的饲料行业，采用多元本地化的发展策略，将自身的创新活动有效整合起来。在刘永行领导下的企业不仅形成了有效的知识分享工具，鼓励员工创新，还对创新出成果的员工给予奖励，通过奖励机制把员工的创新能力激发出来。其中，奖励的维度包括创造经济效益，以及虽然没有经济效益，但是具有社会效益的创新，如防尘改善等环保上的贡献。

目前，在市场上廉价地通过收购、仿制来获取甚至几乎免费获得的技术已经不存在了，想要的技术一般都不可能在市场上以低成本获得。过去，越来越多的公司在规模上成为全球同行业中的佼佼者，但现在很多企业不可能仅依靠规模优势就可实现弯道超越，有时即便扩大生产能力也无法获得持续发展。摆脱依靠技术引进与模仿学习来推动技术进步的掣肘成为企业新的挑战。

常规化创新中的业务流程

正如“隐形冠军之父”赫尔曼·西蒙所总结的，创新诞生的历史多种多样，通常运气和偶然因素也掺杂在创新诞生的因素中。原始创新特别是带来了重大飞跃的创新，往往源自企业家们预知未来、富于想象、胆识过人且有悖常规的反传统努力。另外，用于创新上的投资并非获取经济利润的可靠来源，创新过程中的沉没成本规模相对过大，哪怕高科技行业的研发投资通常也只能带来“正常竞争利润”，巨大的成功和丰厚的收益只是特殊情况。企业靠运气来获得创新，依赖由外部无法预知的来源所带来的偶然出现的“灵光”太过冒险，甚至可能全盘倾覆。常规化创新则是企业面对创新竞争时减少风险的一个主要手段。企业可以通过公司组织结构的设计，把研制新技术、新产品或改良产品内化到每日常规化生产过程中，像企业的任何其他活动一样做出预算，降低创新发展方案的不确定性，增加创新在适当且有规律的一段时间内获得成功的可能性。如是，创新才能成为企业的持续性行为，从具有间歇性、偶发性的企业家事务转变成接近于常规化的管理人员的事务，创新也由此能够得到持续不断的投资。

谈到商业生涯中遭遇的大挫折，刘永行坦言，企业技术创新太多，不确定因素也太多，调试起来很困难，容易错过最好的时机。在重庆投资精对苯二甲酸（PTA）项目让他得到了这个教训——增加技术的种类数会降低系统的稳定性。2008 年，刘永行回笼资金后，积累了数十亿元资金准备进行海外投资。当时，重庆政府邀请他落地一个年产 90 万吨的石油化工项目，该项目和批文都非常完善。重庆政府提出的唯一要求，就是项目最终要实现 75% 以上的设备国产化。刘永行用了 10 天时间，密集查阅资料、请教专家，发现 PTA 是石油工业的两个桂冠之一，中国是亚洲地区主要进口国之一，当时国产 PTA 自给率始终徘徊在 60% ~ 70%。PTA 行业既是石油化工业，也联结纺织工业，有利于东方希望扩展产业链的布局，而且这个项目属于国家最高级别审批的大型项目。后来，东方希望投资控股的这个项目设备国产化率达到了 90%，主机则全部实现国产化。目前这个项目已经建成投产，年产 60 万吨 PTA，运行良好。期间，由于项目开展过程中创新太多，光设备调试就花费了两年时间，错过了石油化工发展的黄金时期。在黄金时期，同等规模的工厂一年盈利 20 亿元，投入早已能够回收；但是东方希望只抓住了尾单，盈利下降到两亿元。另外，石油化工产业 PTA 项目的原料是 PX（对二甲苯），近年来民众对 PX 的认知和心态发生了重大改变，PX 项目遭到激烈抵制，好几个地方的 PX 项目都被叫停或推迟几年，导致石化行业面临原料短缺的风险。后来进军水泥行业的初期经历，更是加深了刘永行“创新要付出很大代价，不一定合算，但具有长远价值”的体会。东方希望由于在新建的五条水泥生产线上进行了大量技术创新，如以工业汽轮机代替高压电机、利用势能发电、采用电子配料等，多花了两年时间，不仅系统设备有两年多的折旧费用，项目延迟导致公司错过了 2010 年和 2011 年的水泥黄金行情，付出了 10 多亿元的代价。这也反映出来东方希望可能不适合像美国企业一样专注于从 0 到 1 的突破式技术创新，只专注于一个接一个“微创新”和优化从 1 到 N 的渐进式创新可能是更加合适的道路。

受此教训，刘永行在后来的经营中更加注重商业需求与技术发展曲线叠加价值最大化的创新导向，这与高科技民企代表华为集团“不要以纯技术为导向，还需要有商业视角”的导向一致。对技术的探索催生出各类产品。以数字技术为基础的人工智能将克服资本、劳动力等限制，开辟出新的价值与增长源泉。中国制造企业拥有的人口红利正在消失，技术红利刚刚开始，技术创新与发展的意义不言而喻。东方希望有两个典型例证，一是重庆的水泥主机设备采用工业汽轮机，放弃传统的高压电机，生产线通过皮带长廊把石灰石输送到工厂，两条皮带利用势能发电，由此与同行相比，公司在石灰石破碎上的电耗低 1/3 以上；二是在新疆通过皮带长廊把煤输送到电厂，相比传统用卡车运输的模式不但节约了九成的成本，也消除了扬尘带来的环境污染。

刘永行采用锚定行业最先进技术的快捷方式，同时认为探索是在创新中规避风险的一种积极方法。在做新的投资之前，他往往先投入小规模的人员和经费，就产品、设备、技术、流程，反复设计，反复实验。如果不确定性的东西太多，投资就一定别超过30%，等积累一些经验，看到效果后，再增加投资，不断寻求机会推出新的产品和生产工艺，进入新的市场，或创造新组织形式。生产赖氨酸的投资规模和技术门槛都很高，为此刘永行组织进行了为期六年的实验室研究和工厂中试，最终进入产业化生产阶段。1996年，刘永行在成都成立赖氨酸实验室，聘请十多名研究人员。两年后，实验室生产试验成功，他以500万元的低价收购了北京市科委下属的一个投资5000万元的发酵厂，并追加投入1000多万元，将之改造成为赖氨酸的中期实验基地。2002年，中试成功，东方希望攻破赖氨酸生产技术。这项基础技术的突破为后来大规模投资建立东方希望包头生物工程有限公司提供了技术支撑，也得到了国家政策的支持。

企业通常不会将有前景的发明创造放在研究部门里束之高阁，科技的重要性在于引入新的资源和市场。相互竞争的企业总是会将与有前景的发明相关的组织和人员揽进自身的结构中，将准备阶段的发明纳入公司的生产过程中，并为市场准备新的产品且推广之。市场和技术的融合往往构成企业创新能力的核心，企业活动所有的出发点都来自产品和企业的核心竞争力。企业创新不一定要与高科技有关，大多数成功的创新看上去都很平凡。从科技含量相对低的组织创新或市场创新中将更容易发现机会，工作周期也将更短且效益更显著。

中国制造企业在探索未来的过程中要跑得快，就必须找到最佳技术与需求的结合点，锁定技术领域某一时段上的边界。刘永行在公司推行行业通用技术的同时，寻找最新标准，尤其是“小数据”的标准，专注于每个机会和各种需求，在熟悉的领域有目的地持续改进。刘永行认为，在探索的过程中会面临诸多不确定因素，企业需要在恰当的窗口做正确的事情，先集中精力解决最主要的问题，当主要问题解决后，次要的问题变成了次级的主要问题，再来解决它。这些问题在一个个被解决后，创新就成为自然而然的事情。于是，企业就培育出了成熟的创新业务自生系统。

对市场需求的认知和解决问题的技术能力在企业家刘永行身上得到了完美体现。

一是刘永行的企业业务设计和开展都是围绕内部循环经济链进行的。东方希望的工厂在分析清楚产品和价值链上各个要素后进行搭配，以形成最有竞争力的成本优势。在各个事业部的主动试验中，集团公司开展比较协调，再推行相对现实的规范和制度建设。在传统的生产工艺操作中不断创新探索、提质挖潜，最终带来了材料链条、产业链条、供应链条、技术链条、创新链条乃至数据链条全面系统的创新突破。包头九化公司会产出大量副产品氢气，这正是包头化工所需要的，刘永行就要求把如何利用从电石尾气中提取的14%的氢气作为一项课题由两家公司共同商讨，并将其转变为竞争优势。他们对氧化铝生产系统节水项目进行技术改造，利用氧化铝生产过程中水能回收及低温余热回收，实现废水“零排放”且循环使用，在降低水耗和生产成本的同时，减轻环保压力，节约水资源，具有很好的社会效益、经济效益和环境效益。东方希望三门峡铝业公司的氧化铝技改项目在2010年10月全部完工并投入运行后，每年可节水357.39万吨，平均每吨氧化铝水耗可降低1.881吨，减排废水56.43万吨/年，年用水成本降低2000余万元，具有节能减排和低碳经济的示范效应。呼伦贝尔建材有限公司从破土动工到获得质检部门检测通过，前后经历11个多月，经过两个月的反复调试，试用20余个原料配方，成功产出了高掺量粉煤灰烧结多孔砖。这个项目是刘永行充分利用粉煤灰制砖的资源优势发展的循环产业链，对实现粉煤灰排放与粉煤灰利用的良性循环有重要意义，一举打破了国内同类生产工艺必须在试生产一年以上才能合格的惯例，在国内成功生产出了以黏土为黏结料，粉煤灰掺量高达30%以上的节能、环保型烧结多孔砖，对资源综合利用具有积极的促进和示范效应。

二是抓住资源的综合循环利用、能源的梯级利用两个重点进行技术改造。在改进的过程中，先做通过加强自身管理就能改善的事情。东方希望在原燃材料供应和产品销售环节，重点是使用符合节能环保标准的绿色产品，抵制一切浪费资源的行为。在资源消耗环节的重点是节能降耗，提高资源的产出效率，加强研究再生资源的利用，如完善氧化铝生产流程回收稀有金属镓。新产品研发则突出能充分延伸产业链的新项目，如砷化镓。在包头希铝公司，每个班组每个月都要进行创新改善课题研究，如阳极组装部不断调整、优化浇铸方式，改善现场作业环境，在消除工艺环节安全隐患的同时还降低了生产成本。中频炉技改更是解决了困扰生产10多年的问题。铝电解槽节能钢爪和阻流块节能技改项目，推行后年节约用电量5732.61万千瓦，年节约标煤两万吨，减少二氧化碳气体排放量6.84万吨，减少二氧化硫气体排放量0.04万吨。包头化工公司经过一系列技术和管理改进，电石折标单耗月度降低到1.31吨，领先行业水平。重庆水泥则建立船运自助报港和自动排队系统，采用信息化手段，提前预测到客户需求。

在对氧化铝生产系统进行节能改造的过程中，东方希望整合乏汽回收系统、余热利用系统、平盘系统、单套管加热器及压煮器、节电改造、热力管网改造等成熟、先进的节能技术，充分利用现有设施和场地，是通过加强管理收到投资省、见效快、成效显著的案例。2010 年，经过国家发展改革委员会联同财政部委托的投资评审中心的节能量审核，确定该项目每年实际节能量达到 18.1366 万吨标准煤，粉尘、二氧化硫和二氧化碳的排放量每年分别减少 4.733 万吨、0.3124 万吨和 47.336 万吨。

三是定期并提前开展优于国家最严标准的操作实验，以应对未来更为严厉的不确定标准，确保企业始终保持技术的先进性。这样，企业在将生产资源配置到现有业务和日常危机管理的同时，也能迈向未来。技术的破壁能力将在更多的领域中持续发酵，技术的不可逆性打破了既得利益集团的准入壁垒，从而重构产业范式，并倒逼制度改革。在知识产权保护日益加强的今天，技术创新知识的外溢效应式微。在 2018 年中国改革开放 40 周年博鳌亚洲论坛上，我国政府郑重承诺将以实际行动加强知识产权保护。时至今日，中国的很多企业成为全球同行业中的领跑者，创新的前瞻性与压力成为新的挑战。

做互联网“小数据”

今天互联网经济渗透到工业界是不可阻挡的潮流，一个大规模生产、分享和应用数据的时代正扑面而来。各个产业大有不讨论人工智能、云计算、物联网、区块链、大数据等高科技，就会被时代所抛弃之势。企业所有的创新似乎都建立在移动互联网的井喷风口上。大数据被认为开启了一次重大的时代转型，大数据的支持者和拥护者们坚信，充满数据的世界处处是机会。没有大数据，无法掌握市场趋势，无法判断具体的市场在哪里。通过移动互联网形成的数据可以进行准确的判断和预测，具有极大的价值。沃尔玛和美国第一资本银行运用大数据改变了整个行业格局；亚马逊深谙数字化内容的意义，成为电子书领域的先驱者；谷歌触及数据化内容的价值，是数据采集领域做得最好的公司之一。很多事实表明，如同《大融合》的作者鲍勃·罗德所描述的，理解和利用大数据的能力已经逐渐成为区分企业的最好标准。数据科学家甚至被《哈佛商业评论》评为“21 世纪最性感的职业”。但如何把人工智能、虚拟现实、大数据变成产品，再把产品销售出去，平台上的大数据将来可以卖，这全都是美好的故事。大数据带来的真正革命在于数据本身和我们如何运用数据。只有当我们知道如何从中总结教训，反思商业模式，或得出结论时，数据才有价值，而这又以大数据采集为前提。

大数据的可获取性基于的逻辑是每个人最终会习惯通过互联网平台与人们分享自己的一切。随着个人隐私保护意识的增强，网络公共领域中新的规章制度将规范互联网收割数据的行为，捍卫个人权利，这让使用数据提供更好的消费者体验和侵犯消费者隐私之间常常处于进退两难的境地。在公众的隐私保护期待和商业逻辑之间找到平衡点，平衡道德、法律与商业化，将在很大程度上依赖于公司的自我约束。2018 年 3 月，遭遇剑桥分析公司数据泄漏事件之后，美国互联网巨头 Facebook 公司被国会追着打，创始人自公司成立以来第八次公开致歉，并关停大量共享给广告商和第三方的数据来源，以重新获得消费者的信赖。这些事实都反映出了大数据滥用对隐私的不良影响。实践中维持数据的脱敏特别困难，从技术角度而言，能够保证个人隐私在不被侵犯和泄露的基础上进行商业化利用的两种技术手段，一是基于规则引擎的匿名化数据脱敏技术，二是差分隐私技术。在锁定的封闭环境中运行对数据的存储、挖掘和应用，对得出的结果加入噪音，能够防范外部攻击和降低内部盗窃的风险，但目前差分隐私技术尚未完全落地。另外，大数据让我们在宏观层面拥有好的洞察力的同时，忽略了微观层面上的精确度。

对于方兴未艾的互联网革命，刘永行认为，企业可以选择互联网为我所用，也可以让互联网成为其客户，但不结合企业战略空谈互联网思维必然会出问题。无论是“+ 互联网”，还是“互联网 +”，企业的核心不是去寻找风口，而是好好利用移动互联网等信息平台提高经营效率，用互联网和数据技术改造传统行业。工业互联网平台是工业领域数字化的最新表现形式，加之工业企业对工厂的运营、排产等核心数据非常敏感，实力强劲的公司只会自建平台或者选择中立第三方的产品。东方希望瞄准行业各项指标做得最先进的企业，逐步向它们靠近，借助具有优势的网络供应商和电子技术供应商协助公司建立了信息系统和内部网络平台。1998 年，东方希望在饲料厂全面推动电脑化办公，总部搬迁到上海之后 ERP（企业资源计划）被纳入生产系统，并在全集团推广办公自动化。东方希望计划通过合作开发或者自行开发专业软件，在未来全部使用数字化的采购录入生产体系。东方希望将自己的平台与能为它创造价值的平台互联，共享特定数据。目前，重庆水泥厂已经实施电子配料，包头希铝公司也通过两化融合管理体系认证，建立了“高效物流智能管控”体系。该管理体系自运行以来，物流计划到货率大幅提升，物流车辆平均等待时间大幅减少，原料投料成本显著降低。

刘永行在管理上除了亲力亲为之外，还对数据非常敏感，拿数据说话。作为管理者，要能判断出数字背后的意义，每一个数字都是活的，都隐含着一定的意义，如果不懂它的意义，有时候会吃大亏。刘永行提出要把数字看活，让它活起来，就像人一样，跟你对话，告诉你它的意义是什么，如果你明白数字的真实意义，就能做出正确的决定。刘永行这种对数据的敏感性不仅来自对业务的钻研、对事物本质的分析，也来自对子公司管理的关注。过去在东方希望内部流传着“天不怕、地不怕，就怕老板打电话”的说法，刘永行打电话不是泛泛地问你经营得怎么样，他一旦打电话就要问具体的数据，如果这些数据总经理答不上来就会挨批评。

当大家都在做互联网大数据的时候，刘永行集中精力做好自己的局域网小数据，不要一味地跟着社会潮流走，而是更注重用小数据激发新产品和新型服务。他认为，只有当企业能做出与众不同的东西时，它才有未来。刘永行认为，所有企业结合起来的数据才是大数据，一个微观企业对大数据没有太多作为，大数据是模糊的，企业只有关注小数据，持续优化、改进小数据，才能持续、稳定地解决实际问题，让不可能变为可能，让梦想落地，照进现实。小数据最基本、最重要的要求是精确度，“1”是整数中最小的一个数，是企业追求的小目标，把小数据做好了，结果自然就出来了。通常消费者对企业产品的认同，要么是企业能提供其他竞争者无法提供的价值，要么是相同价值下价格更低。东方希望生产的大宗产品的差异性不太大，那么就只能将成本降到足够低，甚至做到世界最低。他们把数据做小、做细，将标准循环管理的法宝运用到每一个项目中，并不断优化循环改进，不断自我挑战创新。东方希望想办法让设计更先进、管理更到位、单位投入最少、单位占用的土地最少，以及单位耗费的劳动力最少、建设时间最短、产能要比人家更好，这些往往都是一个个小数据。这些数据做得越来越小，电消耗、水消耗越来越小，排放量越来越少，劳动力消耗越来越少。当同样小的产品，你的贡献却是越来越大的时候，你就成功了。企业在循环利用时，要合理地把低能量转换成高能量，实现吃粗粮、产精品，做好小数据、实现大产能。诚然，企业基于小数据的这类持续成功需要满足三个条件：一是通过数字化平台，靠时间和熟练程度去实现，从“只可意会，不可言传”走向数据化制造，使技术和产品实现质的飞跃。二是用数量指标控制产品，使产品制造走向机械化、自动化、规模化，保障每批产品的质量稳定。三是将数据指标转化为智能控制，数量化、定量化分析产品技术的差距，通过不断的实验去创新技术、产品乃至材料。

可量化的精确性和预测性通常不能应对巨大的不确定性和复杂性。《未来简史》的作者尤瓦尔·赫拉利颇为担忧，他认为，秉持以数据为中心的世界观，一旦万物互联网开始运作，人类就有可能从设计者降级成芯片，再降成数据，最后在数据的洪流中溶解分散，成为宇宙数据洪流中的一片小小涟漪。正视数据主义，不仅是 21 世纪最大的科学挑战，更是最紧迫的政治和经济议题。无疑，“不自我设限，被传统的落后思维所定义，通过不断的提问来转换思维，透过现象把问题的本质搞清楚”的刘氏创新心法能够为身处大数据时代的企业创新提供借鉴。

第四章

赋能：大制不割

创新是企业成长的引擎，创新背后的推动力又来自某种正反馈机制。正如彼得·德鲁克所描述的，在这个快速变化的时代，一个企业要想具备创新的能力，获得成功的机会并繁荣昌盛，必须植入企业家管理体系。这套赋能体系能让企业的员工清楚自己的职责和应该从事的活动，明白活动的产出是什么或应该是什么；并通过采用一系列政策，使整个组织都渴望创新，形成企业家精神和创新的习惯。很多杰出的企业家一手创办了生机勃勃的企业，即使在他们离开之后，企业仍然能够引领行业的发展。究其原因，是因为他们依赖的是经年累月在组织内部建立起的一套运营机制。刘永行严格遵守企业经营中的一系列制度，重视企业文化这类制度理念的传播。他创造了良好的组织基因，可以与时俱进地演化。东方希望的管理动力来自基层，员工自主管理和自觉参与，从有为到无为的“无为而治”成为企业管理的最高境界。这种文化和制度基因不断传承，推动东方希望持续创造商业辉煌。员工做事业的使命感和思考的强度、持续的长度，以及在实现过程中执行的力度，被视为经营企业成败的分水岭。企业要想不断在商业上更有创意并保持相对竞争优势，就必须不断地激励员工每天都发挥他们的最佳水平，挖掘最大潜力。

锁定风险于特定范围的经营制度基因

刘永行经营企业走的是自我积累、自我发展的道路，在生产资料行业里，以实业稳步扩张为主。实业还有发展空间的时候要去努力做好，而不是进行资本运营。刘永行对投资和业务拓展一贯谨慎，他认为：任何一个产业都可能遇到不测，也许会拖累主业，所以必须把风险锁定在特定的范围内，不能从主业里过分抽血，要确保主业不受影响；在进行每一个新的投资时，一定要全盘考虑所有的风险和胜算，否则几十年的积累就可能前功尽弃。提前规划是规避风险的最好方法，综观刘永行多年的创业轨迹不难发现，他的业务拓展自始至终都坚守着专业化经营、稳健务实、业务向上游扩张这三个原则。

·专业化经营原则

刘永行一直专注于自己的主业，大规模发展核心产业，尽管进行了多元化投资，但从未离开过主业，一直坚持专业化经营。他频频出手参股有足够优秀团队和灵活退出机制的金融机构，主要是为了增加闲置资金的利用率，并不参与这些项目的日常经营管理。刘永行把这块业务归入东方希望的“投资板块”，并非公司的主业，这潜藏着刘永行打通实业和金融藩篱的意图。在可控条件下将部分资金投入金融产业，当实业急需资金时，金融股权资产可以立即变现。

饲料业是刘永行的立家之本，他从未停止过在这个产业上的扩张。即使是投资铝电产业、赖氨酸产业，也是在他 1996 年预见到饲料业的发展空间将会被严重挤压，企业基本建完所有饲料工厂的情况下做出的决定。铝电和赖氨酸的有机整合能够对接第一主业——饲料业，形成产业集群。东方希望寻找第二主业，用第一主业的利润支撑第二主业，本质上没有违反专业化经营原则，只是将专业化经营提升到了产业链协同经营的高度。

东方希望后来在重化工业领域的高度多元化，是因为在单个产业方向上的发展规模和程度受到了国家宏观调控的影响。企业虽然实行产品多元化，但运行模式、管理模式均基本相同，只不过是处于不同的产业中。这些产业形成了一个几乎封闭的联合循环产业，通过管理专业化可以产生全产业链整合效应，形成多个业务增长点。

· 稳健务实原则

刘永行被誉为企业界的“稳健之星”。他在经营中强调预见性，强调平稳之中需要想到潜藏的危机。企业准备做大的产业至少要提前五年思考如何调整，要慎重对待，一千遍地问自己、问别人能不能做，一千遍地分析数据，然后再做，不能贸然行动。企业开拓第二主业一定要有非常坚实的主业基础，必须有资金、观念、人才及技术上的准备。条件具备才可以做，暂时没有条件就需要积累沉淀几年，要把扩张的冲动埋在心里。比如，东方希望先通过投资山东信发希望铝业，获得经验后再在包头进行大规模投资，来发展铝电产业；在实验室研究和工厂中试成功后，再在包头进行赖氨酸的产业化投资。这两个项目的操作无不显示出刘永行的稳健务实。

刘永行脚踏实地、稳健发展，热衷到“别人瞧不上眼的”的传统产业里去寻求建立竞争优势，对多元化、知识经济和高速发展始终保持头脑清醒，对投资建厂保持审慎，而对资本市场追逐的投资热点却漠然置之。自第一次产业革命后，经济增长的模式经历了由自然资源作为主导要素向以资本作为主导要素的根本转变，谁掌握了资本，就掌握了做事的主动权。但东方希望在发展过程中，重大投资很少使用大规模并购等资本手段实现，对外来资本也一直保持警惕，坚持自主扩张的原则。

在不同的经济区间，刘永行选择不同的企业发展模式，努力平衡速度与效率的关系。在经济如脱缰野马狂奔向上时，规模就是效益，他用多一倍的人达到“快”的目的，一年开设20多家新工厂，减少固定资产的折旧费用。刘永行认为，这时在物料、资金管理上很低效，由此形成的浪费实质是企业潜藏的利润。当经济渐趋平稳甚至是下行时，企业的运行效率成为制胜法宝。企业家尤其是管理者要把主要精力放在提高企业运行的综合效率上。在生产资料领域里，企业创造相对优势的战略就是总成本控制水平领先，在同等价格前提下，企业自身的成本低，从而利润高。这时企业需要通过抓精细化管理，把粗放管理时期浪费掉的利润重新找回来。

·业务向上游扩张原则

企业向上游扩张业务，在内部可以消化部分新产品，自己下游的产业就是上游的市场。而且向上游扩张需要更多的资本、更高的技术门槛，因而竞争对手少。相对来说，进入整个竞争不是很激烈的领域，还允许企业从头学习，慢慢适应和提高。在饲料产业中，刘永行并没有沿着加工业继续往下游走，他认为下游的事由养殖业农民来做效率会更高。东方希望从加工业向原料业进行扩张，除玉米、大豆等农产品外，绝大部分原料已经能够生产。铝业也是如此，真正决定整个链条摆动的是上游氧化铝，刘永行溯流而上，打通氧化铝的生产环节，建立自备火力发电厂，保证了下游的电解铝产业实现低成本运作。

“好、快、消灭浪费”的循环产业链投资

大循环经济发展模式是东方希望历来发展的特色。拉长循环产业链，能把市场内化到企业的各个环节，互为原料，资源得到集约和综合利用。在这一过程中产生的废弃物被吃干榨尽，资源消耗和环境成本都能做到最小。由此，期间成本得以下降，经济效益、环保效益和社会效益显现。这样，经济系统与自然生态系统的物质循环过程得以和谐发展，资源得到有序利用。

进入重化工行业，在经历初期合资的教训后，刘永行坚持项目自己建。自己建设可以坚持“好、快、消灭浪费”的原则，做到质量更好、成本更低，发展循环经济。其中的“好”是前提，是规划性的好，是指在具体行业发展起步时这个产业王国的蓝图就已经全部完成。在发展过程中要以比较快的速度、比较少的资金最终实现“好”，“好”是“快”与“消灭浪费”的倍数的乘数效应。“快”就是指在项目建设和运营中尽量节约时间，与时间赛跑。“消灭浪费”则意味着项目运营中在资金、人力、资源上节省，即：总资产要少，固定资产、流动资金要少；把人的价值发挥到最大，用最少的人力资源做成最大规模；资源占用和原料耗用少，排放少。

东方希望在选址建设各项目时，考虑的是将其建成集团整个循环产业链中的

一部分，同时参与社会资源综合利用大循环。“打通产业链上下游”的经营方略早已经在东方希望的战略规划中。例如，包头希铝公司的项目就是立足产值最大化、污染最小化的循环经济理念，以铝电复合为连接点，形成集团的“电→铝→铝深加工”“电→粉煤灰→建材制品”“电→蒸汽→生物制品、建材制品、居民供热”的循环产业链。晋中铝业旨在利用山西丰富的铝土矿、煤炭、石灰石的资源优势，建成集团的集“煤、电、铝、化工”于一体的特大型循环经济产业基地。在重化工业行业，资源配置、固定资产投资失误是最大的失误。因此，东方希望非常严格地考察项目选址，当地整体条件必须符合如节约土地、降低能耗、节省运行成本等建厂最优标准才启动。同时，东方希望采用整体布局、分步实施的战略，把发展风险降到了最低。旗下的丰都水泥厂在选址建厂时，不占用良田，而选用沟坡地，设计结合当地特定地势，在 750 亩地内建设了 5 条日产 4800 吨生产线（其他同类型企业顶多能建设 3 条），并利用生产线框架结构的空隙建造中控室，节省投资 5000 多万元。而且，水泥厂新建的每条生产线都在窑尾预热器烟室预留接口，为处理生活污水厂的污泥、其他可用的有害有毒废弃物等预留了空间。

2021 年东方希望集团旗下企业的数量已经发展到 330 多家，每个厂的投资成本都比合资企业节省一半。这主要归功于刘永行独特的资本运营机制，一方面，东方希望建立了专门的建设安装公司，新投资企业的规模和形式都是复制已有成功企业，经过新企业实践后调整，如此循环反复，能不断做到绝对投资较为节省，这样后续新建企业的包袱就小很多。另一方面，新企业采用滚动发展方法建设，即一次设计分次建设、边生产边扩大。以建设饲料厂为例，外资企业建一个饲料厂要投资一亿元，资金一次性到位，需要花两年时间建成。刘永行的策略是一次投1000万元，三个月建成，在工厂动工的同时从其他兄弟公司调饲料进行产前销售。新厂建成投产时，已经渡过了亏损期，当年就可赚回来1000万元，这笔资金第二年又可以用于投资建设一座新厂。当外资企业用两年时间建设新厂并渡过亏损期时，东方希望已经有10多个小厂在盈利了。依靠这种“快而省”的方式，刘永行顺利渡过了最关键的扩张期。这种靠自身滚动的发展模式也让刘永行的饲料业务一直保持零负债，确保了在低利润行业的可持续发展。在饲料行业平均利润率低至1%的情况下，东方希望的饲料利润率却能保持在5%左右。

无论在饲料行业还是重化工业，刘永行都有一个诀窍，就是“快”，以空间换取时间，以人换取时间，以工装换取时间，以场地换取时间，以奖励换取时间。速度“快”给企业带来的最显著成效体现在节约固定资产投资和成本上，而把大事业分解成一个个小目标是保障“快”的有效途径。以电解铝为例：通常建立一个工厂需要投资100亿元，但融资和上市都很难。这时可以在前期先进行小规模投资，只要30亿元，通过“好、快、消灭浪费”的方式把资金规模控制在15亿元，然后再找合作伙伴一起做，企业只需要承担7.5亿元的资金。先投入一半去开展项目，积累经验后再做大，这样前期投入的资金大概只需三四亿元。后期用这个项目的滚动，加上饲料母体的资金再积累，并从一直零负债的饲料业务中把流动资产、固定资产的资金抽出来，置换成融资，做更大的事业。东方希望的一个经验是，在可能的情况下，大量使用国产设备也会降低投资成本、减少资金需求。另外，建设这样的厂，别的企业需要三年，东方希望只需要一年。与发达国家相比，中国具有劳动力成本优势，可以同时雇用大量的工人进行施工，加快建设速度，缩短工期。包头希铝公司年产20万吨的工厂仅用了一年就建成了，而且是在有五个月冰冻期的非正常环境下完成的。为了抢五个月的资金利息、折旧费，想提前五个月实现利润，东方希望在五个月冰冻期内花了100万元用高达几十米的塑料大棚将整个工地包起来，一万人的建筑安装队轮班作业，在大棚里面用大炉子烧煤。

东方希望在市场竞争和快速发展中总结出来的“好、快、消灭浪费”投资观念下充分利用能源，充分利用新项目降低生产成本，不断减少原料消耗，减少不必要的浪费，走减量化、资源化、无害化的循环经济发展之路，将不可能变为可能，将重化工业看不见的“金矿”挖掘出来，创造了企业的相对优势。

开放合作，形成命运共同体

在创业初期，刘永行在企业中彻底执行“三让”经营理念：一是供给优质、价廉的饲料，敞开收购农户的玉米、麸皮、豆粕等农副产品原料，让农民富裕；二是提供无饲料污染的肉及肉制品，让市民满意；三是不偷税、不漏税，让政府放心。东方希望将价值理念升级为：做大众文化价值的提供者、做产业的“路由器”，成就雇员、客户及合作伙伴。在互联网环境下信息流主导的现代物流、资金流网络便利了企业间的合作和共同成长，合作的深度与价值均属于产业与市场范畴。所有企业元素像有机体那样形成命运共同体，必然的结果是形成上下游协同力强大的商业生态系统，主导企业以产业生态链的方式抢占了很大的市场份额。

· 大众文化价值的提供者

东方希望将自己定位于做大众文化价值的提供者，是以贡献的方式去“得到”。

东方希望不是互联网企业，不是上市公司，重化工业和饲料行业的技术也相对稳定，因而企业经营不是以资本，而是以客户为中心。饲料创业的经历留给刘永行的最大财富就是让他坚定了一点，即企业要练基本功，要考虑客户需要什么。普遍的大众文化价值是“付出少一点，得到多一点”，享受更好的产品、服务、效用和价值增值。作为提供者的企业只有不断持久地满足大众文化价值的自然需求，才能永生于市场竞争中。这意味着优秀的企业在经营中要以为大众付出和贡献为价值观，付出多一点，得到少一点，把得到的优先权让给大众（客户）。把自己赚钱建立在别人能赚钱的基础上，这正是东方希望从四川一个县城成功发展到全国、走向世界的基石。

东方希望能成功渡过信誉危机和金融危机，最重要的就是依靠企业一贯所坚持的品质——与客户共渡难关。这包括在经济疲软期坚持产品的高品质，降低销售价格，让渡部分利润给客户，甚至必要时“吐出”过去赚的钱。这样，企业拥有了客户群，并从竞争对手那里再吸引一部分客户过来，等经济转暖时企业就会获得丰厚的回馈。当然，企业得事先保证自己能够等来经济回暖。刘永行认为，有且仅有一个办法，就是从自己的身上节省，用最精细化的管理和最高效的运转方式获得保障生存的利润。

企业要做大众文化价值的提供者，就要求成员必须培养自己的意志品质，要付出多一点。这迫使员工不断创新改进工作、降本增效、持续努力地使大众真正感到满意和收获财富。刘永行相信，无论经济环境如何变化，这类企业都能不断地通过过滤和积淀打造持久的竞争力。

·企业建立了信誉度，就相对地建立了自己的优势

我们无法改变别人，但是可以改变自己。如果企业建立起信誉度，就相对地建立了自己的优势，就可以带来不可估量的财富。民营企业确实存在贷款困难的问题，而东方希望主要依靠诚信和商誉从市场得到了不少优惠。

东方希望的发家史就是一部诚信史，这个企业坚守着“只有诚信才能生存，不诚信就会倒闭”的价值理念。创业之初，刘氏兄弟就非常看重与农民的信誉关系。当时资金腾挪只能借助老百姓，农民先给蛋，鸡卖掉后再付给他们蛋钱。当养殖鹌鹑出现危机被骗时，他们兄弟想尽办法，天天挑着担子去卖小鸡，在最困难的时候，他们坚持了下去，把钱全部还给了农民，建立了自己的信誉。坚守信誉为他们带来了丰厚的回报，20 世纪 80 年代末，刘氏兄弟的企业由于限制很多，没有采购员。但只要一个电话打过去，无论需要多少原料，不用预付款，各地从事粮食生意的厂商就能直接发货。货款结算一般需要一个星期到半个月的时间，这就等于以商誉做抵押使用了供货商的资金。而且，这些原料是流动的，饲料车间又是仓库，晚上生产白天销售、上午生产下午销售，企业不需要准备流动资金。直到现在，买原料时东方希望都不用先拿钱，销售产品时都是客户先汇款。东方希望在各地投资，当地政府也放心投巨资建设配套设施。东方希望需要土地，政府给土地；东方希望需要人，政府就调配员工到东方希望去。这些都是诚信带来的结果，把做人的最朴素原则延伸到企业信誉上，刘永行从中体会到好处，认定坚守信用的企业就会得到社会的奖励，并始终实践着严守商誉的经营理念。他们 1991 年在新津饲料厂门口竖着“原料商供货毕拿款，我方迟付一天支付千分之一的银行罚款”内容的牌子至今还立在那儿。

在企业高速发展的时期，刘永行也曾遭遇信誉危机。1996年下半年，禽畜价格低迷，市场要求饲料降价，但当时的工厂已经没有降价的空间，东方希望在上海的一个饲料公司总经理就通过降低质量标准来下压成本。由于东方希望有很好的市场商誉，出现质量滑坡的饲料依然卖得很火。直到1997年春节，客户才反应过来，东方希望的饲料问题集中爆发，这个厂的销量大幅下降，从10000吨下降到2000吨左右，订货来源也骤降。同时不良影响还波及附近浙江、江苏、安徽的市场，产品因质量差而滞销。由于当时想走轻松路，采取赊销的方式，货款收不回来，几个公司一下被拖欠了一亿多元。刘永行专门来上海公司住了一个多月，去拜访客户和养殖场。他思考再三，跟全体员工开了很多次会，又召开了片区总经理会，在集团总经理会上提出赢得市场不能用欺骗的办法，不能透支东方希望的商誉，要用真实行动向农民谢罪。他对外召开新闻发布会，表明东方希望将与客户共渡难关，进行大幅度的让利，把多赚的钱全部“吐”出来。虽然东方希望损失了2000万元，但赢得了市场和客户。正是因为东方希望坚守诚信，才会得到社会的认可，得到大量的商业机会和利益，这也正是市场经济以诚信建立起来的逻辑。对于微观主体来讲，诚信的出发点是自信，自信是对自己的，诚信是对别人的，不自信的主体是很难做到诚信的。当然，为了防范其他主体的诚信风险，东方希望始终坚持在销售过程中不赊销的原则，以防止公司出现危机。

· 做产业的“路由器”

东方希望有清晰的战略布局，战略通常有三年或者五年规划，产业链延伸和拓展的主框架事先设计完成，并随着实践的推进不断增添相应的新内容。东方希望旗下的各大实业基地将自己打造成为产业“路由器”平台，将客户端碎片化的需求连接起来，并与供给侧的工厂和物流中心实时连接起来。东方希望通过给予一定让利，吸引下游企业就地共栖生产，节省了大量的物流成本、人工成本、管理成本和产品中间耗损。东方希望的铝深加工业务已经吸引包括杭州方略实业有限公司、山东临沂鼎胜铝业有限公司、江苏兴发新能源材料有限公司、山东蒙山铝业有限公司、河南省西保冶材集团有限公司、河南润华建筑安装有限公司在内的下游电解铝企业直接入驻准东产业园内，十几家物流公司、产业配套的上游企业、服务业企业也已经进入这个产业集群里。集群内东方希望把铝粉化成铝水提纯，直接输送给下游企业，减少了双方铸造铝锭、溶化铝锭然后再浇注的生产环节，前者节省铸造成本每吨 800 元、运费每吨 500 元，后者每吨节省成本 800 元。在准东地区生产的 80 万吨电解铝不出家门就被全部消化，双方都节约了大笔费用。下游企业每吨生产成本可节约 500 ~ 1000 元，可以把下游产品做得更好。第三方物流企业基本都是以个体户为主来承接企业的业务，他们要么是夫妻俩，要么是兄弟俩来经营，相比需要支付大量人工成本和管理成本的大型企业具有绝对优势。

2016 年，新疆希望小镇已经有 30 多个工厂在运营，有六家云计算中心，银行数据结算中心、电信公司数据交换中心纷纷参与进来，未来会派生出来 100 家左右的公司进入东方希望构筑的这个产业平台上。随着企业的集聚和环境的改善，以及绿色生态体系的建立，东方希望顺势而为从制造业向产业服务转型升级的载体已然形成。

集中管理下的分散经营

东方希望把总部从成都迁至上海后，刘永行改变了公司架构，加强了总部的控制能力，形成了横向大部制和纵向扁平化相结合的管控架构。东方希望总部成立了人力资源部、法务部、投资部、农业事业部、财务部、重工生产管理部、信息部七个部门，与下面所有的公司相互联系。总部机构精简，常规员工200名左右。东方希望的六大实业基地则采用准事业部制，如两个规模比较大的基地，新疆新铝管理片区设有热电事业部、电解铝事业部、工业硅事业部、多晶硅事业部、碳素事业部、煤矿事业部等；包头希铝公司下设碳素部、生物部、铝材部、电解铝部、热电部等。

这一组织结构的特点是集中管理下的分散经营，各大实业基地在不违背集团总目标、总方针和总计划的前提下，充分发挥主观能动性，自主管理其日常的生产活动，能有机结合多种经营的专业化管理和公司总部的集中统一领导。总部和各大实业基地（分公司）之间责、权、利分工明确，角色界定清楚。这种组织结构对事业部一级的管理人员要求很高，但是有利于集团高层摆脱日常行政事务，集中精力进行战略思考。各大实业基地（分公司）相对自主、独立地开展经营活动，利于培养综合型人才，是培养管理人才的最好组织形式之一。

在这个架构中，集团总部主要是投资决策中心，各大实业基地是利润中心，各实业基地下属的事业部是成本中心。这样，在东方希望的内部管理中，该授权基层管理的就授权，一般业务基层各大片区都无须向总部汇报，更多时候是总部主动获取信息。这个架构调整体现出东方希望对聚焦融合效应高度重视，并保持深耕垂直领域的优势和特点。企业发展的两个途径是扩张和深化，让两者殊途同归的是数据集成平台。互联网技术颠覆了企业的管理方式，东方希望主要通过数字化平台进行信息化管理，研究用机械代替人工，以释放更大的劳动产能。

东方希望的各大实业基地（分公司）主要通过市场机制联结，公司的不同事业部或主体之间的交易完全市场化，市场价格很透明且作为结算依据，如多晶硅、电力都是按照行业价格结算。但每个产业或主体相当于一个独立的公司，由于利益的相对独立性，各自就有可能在一定程度上采取类似于市场主体的机会主义行为，容易产生本位主义，只顾眼前的局部利益，忽视长远的整体利益，影响集团内部之间的协作。因此，刘永行沿用跨国公司的管理办法，主要依托数字化平台进行远程管理，通过两种手段强化总部统一集权。一是通过干部总部任命制、财务直管、纪律教育、加强考核制度等总部一体化集权；二是集团推行规范化、标准化、制度化建设，引导每一个总经理把竞争的出发点建立在提高产品质量、降低生产成本上。各公司在总部指导下，遵守公司规章制度，利用整体优势，逐步加强自主管理，实现自主经营，并最终达到企业总体目标。

· 业务类型与架构解耦迭代前进

做好架构解耦，犹如沙场点兵布阵。新业务的出现、成熟业务的扩张可能都要求优化组织架构。1999 年，东方希望组织架构的调整很大程度上是为了适应产权明晰的要求。刘永行进入重化工业，弃用了饲料行业里“大集团、小工厂”的模式，只建少量产值达到几十亿甚至上百亿的工厂，是因为在成熟的饲料行业，他形成了核心能力、优秀的专业管理和企业文化，可以管理100多个工厂，协调上千个思维方式、行动方式完全不同的管理人员，但是新入重化工业，东方希望“整合”不了这么多人，重化工业需要建设全功能团队，基层组织太多、协调面太广会造成效率低下。新业务用业务牵引组织调整，横向事业部制和纵向扁平化成为优化的方向，在项目运作时，实行总部集中管理下的分权经营。未来东方希望的业务和投资发展还可能颠覆现有组织架构，架构跟着未来发展更迭，不过先决前提是企业所有权、经营权和控制权的厘清。

·总部集权形式

集团内各公司都具有法人资格，都有自己的绩效指标，它们之间的无序、恶性竞争将会使企业利润大幅度丧失，从而削弱整体竞争实力，所以对这种竞争必须进行管理和控制。一体化的深入发展削弱了经济分割，使专业化和规模化生产成为可能，集权制可以使策略得到高效贯彻和思想统一，形成发展合力，产生集团总利益，这样各公司的发展才拥有坚实的背景。东方希望总部主要采用以下四类方式进行有序的市场管控。

第一类是干部总部任命制。东方希望旗下每个独立的工厂法人代表都由集团总部人员担任，厂长只是单纯的经营管理者，要服从总部的调派。

第二类是由公司职能部门确定质量标准和公布交易价格，运营部门即子公司的主要职责是管好生产、抓好产品质量，不负责价格这部分的内容。总部质控中心直接对每个工厂的产品抽样，进而实现质量控制。

第三类是财务直管制度。各个分公司都有财务处，都是独立核算，但是各分公司的财务总监只对所属片区的总经理负责。集团总部的财务部门通过最终产品的价格来倒推各分公司产品的收益。在东方希望的财务管理方面，软件自动化替代了很多财务人员，每个月月底12点结账，早上5点全集团所有报表算完。总部以产品的利润率出发，绕开原料和产品的当地价格变化，控制工厂生产过程中的利润总量。

第四类是完善考核制度。东方希望实施以形成相对优势的责任结果为导向的考核制度。提升项目效率，降低成本，形成相对优势是每一个管理者的责任。管理者要主动识别影响项目效率的核心问题，形成机制，一个一个问题去改进，并让每个人、每个团队，以及各层各级都来发现问题，采用最短路径去闭环解决。管理者要考核员工绩效，也要爱护员工。首先，要不断加强信息化管理，考核必须自动化、数据化，不能人工考核。其次，以责任结果为导向，不过多干预过程，在公司内部打破信息垄断。最后，面向不同的业务人群，实施差异化的绩效管理，充分发挥每个团队的潜力。同时，要简化组织核心绩效指标，增强集体协同考核，重塑共同奋斗的精神。

·下放市场权与具有本地特色的权力

东方希望目前拥有100多家公司，刘永行也是民生银行、民生保险最大的股东之一。尽管拥有这么多公司，但他并不像想象中的繁忙。他的经验是企业做大后，企业家必须转变事必躬亲的做法，一定要进行分工合作，大胆放权，让职业经理人来做事。企业家既给予下属充分的自主权，以便他们能够承担相应的责任，同时也强调员工的自主管理，以期激活每个人身上都有的竞争基因，让员工不断挑战自我、勇于创新。放权只能下放市场的权，下放适应于本地社会的那部分权力，基层组织的调整要授权给业务决策组织，以便它们依据业务的变化快速调整。与企业的规范、工作标准相关的权力决不能放，标准化、透明化就是最好的管控手段。管理者最好能够把基层组织的好做法推广到全集团，对不好的予以曝光，对于失控的公司坚决停止甚至关闭。在实践中，管理者要尽量找出放权与标准规范约束两者的交叉点，至少是投影相交点。

·集中办公，防止“大企业病”

为了防止“大企业病”，东方希望各事业部、各项目的管理者集中办公，主管肩负着从产业端到客户端经营的责任，为了方便沟通和解决问题，增强横向维度的沟通与联系。东方希望办公室的一个特点是，每个办公室都配有白板，方便讨论工作，即使董事长的办公室也没有多余东西，只是办公桌比较大，要处理的文件都进行了分类。东方希望的会议室不配沙发，因为沙发不好讨论工作，都是办公桌，方便放上图纸和资料。管理者时刻身临其境，下沉到基层生产活动中，参与具体项目和流程，与团队和员工反复商量怎么设计开发和调整改正。管理者积极整合各领域的资源以支撑项目成功，有经验的专家获得合理的地位、权力与责任后，起到传帮带的作用，辅导新员工、新主管和新专家。

激励员工无限潜能

刘永行认为，与国有企业或者外资企业类似，职业经理人铸就了今天东方希望的辉煌，所有的产业都是职业经理人发动全体员工做出来的。这中间最主要的纽带就是企业经营哲理观念即价值观的传承，倡导不断努力、创新、学习的文化精神。这样，即便职业经理人进入了陌生的行业，他们仍能创造出其他企业想都不敢想，或者外国几十年资深专家也不一定做得成的事业。东方希望虽非上市公司，内部也没有设置股权激励，但这些经理从全国各地聚集到这里，却能扎根当地、艰苦创业。刘永行认为，这首先来自他们内心对英雄基因的呼唤，以及对自身价值的实现意愿。其实，每个人都有英雄的基因，都能做出一番事业，但如果不去开发这种基因，它就会随着生命的消逝而流失。人类需要主动磨炼心志、提升心性，相信自己具备还没有发挥出来的巨大力量，需要去努力学习和改进，并集中运用知识到工作中。

充分发掘员工潜能是企业的社会责任之一。企业需要为员工营造一个没有天花板的成长空间，鼓励员工积极发挥聪明才智和工作干劲，让员工积极释放自身潜能，并清楚做成这些事情对公司将有多大的贡献。培训是提高员工素养的有效途径，培训是学习，要重复培训，要坚持，重复成习惯，习惯成自然。做企业不仅意味着财富的积累，还必须给员工搭建更高、更大的发展平台，让员工看到未来的广阔前景，通过这个平台，把他们的个人潜能发挥到极致，让他们成就自己。拥有成就感，这个是根本。员工总是在寻找能够让他们成为理想自我的途径。

创业初期的一次经历促使刘永行去研究人的潜能开发。东方希望在北方的一家公司因为年底销量大增而出现电力供应紧张的情况，电表显示已经超出了额定的电流。超载运行会出问题，停下来或者新增设备都可能丧失市场机会。刘永行到现场后，对电力设备能力系数进行计算，发现这台设备的能力只发挥了30%，经过简单改造调整，设备能力提高了近三倍。机器尚且如此，人是企业所有生产要素里面最重要的，人的效率提升意义更为重大。我们从刘永行的企业经营理念中，可以归纳出“六项”挖掘人才潜能、磨炼心志的指南。

一是企业本身要有理想。东方希望“付出多一点、得到少一点”“在其中、随其后、随之而来”的企业文化中就有在局部范围内抛弃财富得失、淡化利益算计的精神。很多重大创新都无法事先规划，大多情形下是自然而然的一个结果。

二是衡量员工的能力要用“将来进行时”。企业用这种积极的态度打开封闭的人才金字塔顶尖，并提倡加强与全世界同行的对话与合作，积极追踪相关国际产业与技术标准，感知发展方向，积累势能。

三是企业鼓励员工沉浸在产品开发和工艺改进等确定性工作的同时，还要加大对不确定性研究的投入。在内部进行多路径、多梯次的研究、验证，集中攻克，并且保障研究成果落地。企业容许战术上小的失误，不以成败论英雄，注重从失败中提取成功的因子，使探索持续不断。

四是鼓励企业的技术专家与管理人员加强交流，进行思想碰撞，形成一个开放的科技讨论和管理协作的平台。

五是在企业贯彻诚信、正义、正气的价值理念，鼓励人才相信自己，最重要的是相信良知的力量。刘永行认为，在内心深处相信自己有无限的可能性，自己的行动必然会坚定，会全力以赴、全神贯注、坚忍不拔地干到底，特别是遇到严重困难时能坚守；只有不断地克服困难、释放潜能，才能更好地实现自己的价值。这样，企业就能在更高的平台去做更大的事。实际上，在东方希望，很多30多岁的年轻经理都已经成功管理几十亿元甚至几百亿元的产业。

六是企业通过“榜样、教师、教练”的具体方法，把团队的英雄基因引导到工作和事业上。刘永行挑选管理人员时，要求其努力、认真、廉洁，能够以身示范，做好员工的榜样、教师、教练，能够帮助员工成长。同时，他充分授权给各个总经理。东方希望现有100多个饲料厂、几十个重化工业公司，刘永行允许各地的总经理在遇到解决不了的问题，并且认为需要让董事长知晓时，可以直接打电话联系他，但是问题还是需要他们自己解决。

当然，激发员工的潜能也需要给予其适当的报酬。东方希望不断壮大发展也惠及了广大员工，目前新疆公司员工人均年收入已超过10万元，但东方希望并没有为经理人员提供不菲的待遇。对于国内如华为、娃哈哈、信发等大型民企采用的“员工持股”制度，刘永行好像并不太热衷。他的考虑是，东方希望涉足的产业风险大，不想让员工来承担风险。此外，用股权“拴”住员工，阻碍了员工的自由流动，也不一定是好事。如果员工已经不安心了，却为了钱留在这儿，反而会损害公司的利益。这个想法似乎与彼得·蒂尔和布莱克·马斯特斯对公司实践的研究结论一致。那就是，高薪会诱使管理者或员工安于现状，维持目前的收入，而不是与其他人一起去发现企业的问题，积极解决问题。相对低薪的管理者则致力于为公司创造价值，也为别人设定了标准。高额的现金报酬会让员工攫取公司已有的价值，而不是投入时间为未来创造新的价值，容易滋生短期想法和价值掠夺。

用好外行

东方希望对管理人员“只用外行”的用人体系曾经一度让外界看不懂。刘永行说“用外行，不用内行”是创业期企业人才使用的独特机制。初创期企业还比较弱小，过早引入外面的人才和资金，文化很难整合或者会冲淡自己的文化，企业不得不把一些生手短训几天后就派到前线去。这套机制收效显著，每一个公司都成功，都是当年投资、当年回收成本、当年盈利。这与当时市场竞争不彻底有关，其中文化模式的作用也非常关键。

20 世纪 90 年代初期，东方希望急速扩张，一年要发展十几个分公司，对经营管理人才的需求形成井喷式增长。1992 年，希望集团重庆分公司急需一位老总。刘永行经人介绍找到一个国有单位汽修厂的老总，这位老总思想品质很好，也有很丰富的管理经验，缺点就是没有从事过饲料行业。刘永行冒险起用他，给他配备了生产、技术、财务经理，并充分授权。这位老总到任后只想尽快当内行，非常好学，能把国企的知识、经验充分应用到饲料行业的管理中，带领重庆公司创造了很好的业绩。与这个案例形成巨大反差的是，东方希望兼并的一个工厂使用原饲料厂的厂长，工作毫无起色，最后还跳槽了。从这件事上，刘永行悟出，内行到东方希望来，虽然轻车熟路且管理能力强，但他原有的企业管理文化理念根深蒂固，要让他认同东方希望的独特价值理念和管理模式需要漫长的过程，而且可能代价高昂。对于外行，只要品性纯良，有基础的管理能力，东方希望的企业文化就有效力。而且他自身有强大的急于当内行的意愿，这样公司的企业文化就能激发他的潜能，使他的追求上升到更高目标。他会很珍惜企业给予的发展机会，在努力的过程中会自觉或不自觉地让自己的潜能得到充分发挥。东方希望“用外行，不用内行”是有前提的，如果外行认同集团的价值观，愿意认真践行企业的经营理念，愿意努力和学习，就可以转为内行。

后来，刘永行的用人政策进行了适时调整，他提出“外行必须转化为内行”

的要求，面向社会招聘，大量起用职业经理人，形成了开放竞争的人才遴选制度。东方希望从一大批外资企业中引进了经验丰富的经理、厂长，然后再自己进行培养，最关键的是看重他们的人品。他们能接受东方希望的文化，通过一段时间的磨合，能超常规发挥能力。

无论是对于外行还是内行，东方希望都给大家创造平等的机会和条件，让员工成长为对社会有用的人才。不过，东方希望也不可能满足所有人的要求。从长远来看，只要你努力，你对企业有贡献，企业绝不会忘记你，待遇会“随之而来”；然而，东方希望绝不会给，也不会迁就条件不具备但刻意追求待遇的人加薪升职，而宁可流失这种“人才”。

培养内行

中国制造企业面临的挑战是人才从哪里来。没有人才，怎么办？刘永行与企业家董明珠的观点一致，就是企业应该成为一个培养人才的基地，精耕细作，培养出自己的管理、研发、技术人员等。东方希望根据企业特点确定人才管理方略，在创立初期，基本都是创始人自己干，再招聘一些人员。到了快速发展期，人才需求量猛增，东方希望就去挖人。首先去外资企业吸引人才，但他们要价非常高、消耗大，想法与东方希望的文化相差甚远。后来，东方希望从一些饲料企业聘请经验丰富的厂长经理，但他们观念陈旧，不注重效率。东方希望就这样被逼上了一条自己培养优秀管理人的路。多年的实践让刘永行更加坚定，传承文化一定要靠自己长期培养的管理人员，宁可有备无用，绝不用时不备。对于公司高层，他很少使用“空降兵”，都是内部10年、20年培养出来的。

·外行转化为内行

刘永行主张花费几年的时间把人才培养起来，做重化工行业期间虽有动摇，但最终还是坚持了这个思路。氧化铝厂的巨大损失坚定了东方希望自己培养人才的信念，目前东方希望在集团里培育了很多原来都是外行的优秀总经理。当时，氧化铝厂的总经理是自己培养的，可他是专业以外的管理者，不懂技术。这个厂从国有企业聘请来了几十个专家，这些专家懂一些技术，但劳动效率极端低下，造成延误一年投产。投产后生产出10万吨不合格产品，当时的价格是每吨6600元，比市场价高4000多元，这样不仅造成了10亿元损失，企业还丧失了抓住市场行情的时机。刘永行认为失败的根源是观念和文化的问题。他从当时集团的60个饲料厂中调配了60个人，包括生产部、总经理和稍微懂一点技术的人才，让他们到重化工厂跟随所有的岗位。重化工业虽然复杂，但是具体到每个细节却很简单，让饲料厂的人跟随重化工厂岗位三个月，当时企业都很警惕。三个月不行，这批人全部换掉，再调一批，三个月后氧化铝厂的指标全部做到最好。

把外行转化成内行，需要把生产线分解很细，需要考虑技术，但是不要被技术迷惑，要发挥人的潜能。技术可以买来，人才可以引进，但是企业文化只有自己可以做。企业跟员工一起成长，你给他提供机会，他的成长和努力也为企业创造价值。跟企业同步发展的内部人才，对公司文化认识很深，当公司遇到新的情形没有制度可参考时，他们能够采取正确的措施。但是对于技术人才，东方希望主要通过引进专业人士，慢慢地用企业文化感染他们，让他们认同企业文化。东方希望也形成了不在同行内挖人才、为每个员工提供再教育的机会，并提高人才资源的质量的人才准则。如果在突破技术的情形下，没有把外行变成内行这个过程，企业照样失败。

·企业发展与员工能力提升的共生共长

东方希望的员工有一个通畅的成长路线，年利润10多亿元的包头铝厂和年税收10多亿元的东方希望三门峡铝业公司，总裁都是从饲料行业慢慢培养出来的。东方希望清楚，最关键的是能帮助员工顺利地提升能力。如果企业本身不发展，没有机会，人员在增长，就没有平台。人都有保守性，也有创造性需求，员工在满足保守性需求的同时，更重要的是希望发挥创造性，去成就企业。老员工艰辛的积累和创造，给新来的人才创造了发展的机会，在促进人生价值实现的同时，创造了很好的福利条件。新任的总经理也应该加强对员工的培训，以提高员工的素质，给他们提供发展和提拔到领导岗位锻炼的机会。东方希望在用人、培养人的过程中，公司、各部门的一把手最重要，他们要会建设企业的亚文化。

东方希望对员工的培养强调几个方面：一是纪律教育，在公司内部发起同心同行反舞弊倡议，以单位舞弊事件为案例，宣扬脱离“伪、私、纵、奢”和严于律己的高贵精神素养。在公司内部推进“实事求是”，用小的单点实验、较小的代价论证实事，用实事消除官僚主义，达到企业官僚主义与形式主义都不存在的“最佳状态”。二是思想教育，员工与企业是命运共同体，利润分享的前提是勤劳致富，员工应该想的是把东方希望做得更好，而管理者想的应该是让员工生活得更好。特别是高层管理者，当物质生活有了保障之后，追求就应当上升到为社会做贡献，实现自我价值这个最高层次。只有这样，才有继续努力的动力，才能坚持不断地改进工作。三是不断地培养人才，各个部门都要加强人才培养，塑造出一支有超强执行力的人才队伍。刘永行始终相信集团内有足够的优秀人才，只是很多人没有被发现。如果假以时日锻炼，他们就可能脱颖而出。企业是人才事业成功的载体，东方希望培养了很多优秀的总经理，他们原来都是行业的外行，如今已成为集团的宝贵人才。这些最优秀的人才又会真心实意地培养更年轻的接班人，用正确的态度、激情和热忱去创造未来。

·企业文化的传播与传承

企业拥有什么样的价值观，就会塑造什么样的员工。东方希望自己培养人才是为了传承企业的价值观，形成自己的企业文化。企业文化就是让人们在没有指令、“无章可循”的时候知道应该做什么、不应该做什么。文化认同推动职业经理人成就了企业一个又一个的辉煌业绩。不断地努力、创新、学习的价值观，确保他们即使进入陌生的行业也能游刃有余。东方希望能够成功地从饲料行业拓展到重化工业，最重要的就是企业文化的优势。

东方希望的企业文化经受过无数次危机的检验，是穿越经济周期的顺势文化。接受无可避免的改变，改变能够改变的事物，持续增加竞争力，就成了最稳健、活得长久的企业。这种企业文化提供给年轻人大量的发展机会和成长的舞台。东方希望的很多总经理只有30多岁，但已经管理几十亿元甚至几百亿元的产业，可以创造出国外同行专家根本无法想象的业绩。

·充分竞争的饲料行业成为人才的培养基地

东方希望培养人才的特色之一是饲料行业不仅孵化了重工业，还培养了一大批重化工业人才，其重化工业中的一些总经理是从饲料行业里培养出来的。由于做饲料门槛低，技术相对容易掌握，所以企业竞争激烈，这样的环境能很好地考验人、锻炼人。另外，饲料行业虽然说规模不太大，但所有的管理要素、竞争要素都必须齐备，如果要素整合有问题，就很容易被淘汰出局。

·用最优秀的人培养更优秀的人

东方希望对人才的评估和考察会综合各个利益相关者的意见，征求子公司员工、部门经理和总经理的意见，征询监察部和职能部门的意见，参考标准化检查对管理者评价的意见，甚至还会征求客户的意见，这样就能客观地评价一个人。企业对于管理者的甄选与起用主要考察其人品、基本能力和执行力等方面的综合素养。不过，能够建立并不断修订工作标准和考核标准，能用工作标准培训下属，坚持用考核标准考核下属，这三项属于执行力素质，可以培养。东方希望的总经理需要用心工作，深度挖潜，帮助有潜力的员工提高素质，给他们提供发展的机会，并将他们提拔到各级领导岗位上来。

肩负培养更优秀人才责任的企业管理者，至少应该扮演好三种角色：一是要当好榜样，首要条件是敬业守法，要求员工做到的自己首先做到。在企业中廉洁自律的总经理可以凝聚和焕发全体员工的精神，没有任人唯亲、贪图小利、告状信不断，才能取信于员工。二是必须当好老师，总经理担负培养人的责任，他合格的前提是能够教给人知识，这又要求他必须不断地学习。总经理一定要让员工知道为什么要这样做，你进步，员工就进步，员工进步又能促使你进步。三是要当好员工的教练，宣传企业的价值观，帮助员工成长，鼓励员工自己创造；但更讲究找到最合理的经营管理办法，在教会员工技巧和方法的同时培养员工的执行力。

·在干中学、学中干，强行要求员工学习

在干中学、学中干主要是指在细节上不断地改进。在门外汉看来，重化工业需要高深的知识、技能，而且具有较高的技术壁垒。刘永行则认为知识也是有规律的。学好知识，既可以做出业绩，还能帮助别人，更重要的是能让自己跟上时代的发展趋势。学习是一生的事情，应该在动态中学习，在行动中解决问题，边做边学。

刘永行曾经在企业里强制要求员工学习，尽管有人非常反感，可他认为把大家的潜能开发出来恰恰是最大的事业。刘永行认为，应该通过加强培训，让员工从被动、紧张的操作变为习惯性操作，逐步从普通的员工成长为工匠乃至某个领域中的掌舵人。在东方希望的历史上有三位驾驶员就是通过这种学习当上了总经理的，他们具有三个共同点：以企业利益为重，经得起长期考验；高质量完成本职工作；愿意寻求额外压力，接受挑战。在东方希望，只要是有潜质的人，能够认真学习、不断提高自己、想办法找到更多的锻炼机会、想办法把每件事做得更好一点、不断积累，就一定能够成功。提高效率没有止境，所以要不断学习。东方希望保证给员工提供机会，但员工的职业安全仰仗于自己能力的提高和做出的贡献。

·成立自己的“教练学校”

刘永行在企业中积极促成建立“学习型组织”。2001 年，东方希望成立了自己的“教练学校”，自己培养“教练”。这个学校是在刘永行夫人的协助下创建的，她自己编写课程，培训“教练”，写资料和教案，写状态分析。刘永行到每个地方都会花上一个小时举行内部演讲。在他看来，任职 10 年的管理者至少需要听上企业领导者百次演讲后，企业文化才能更好传承。在东方希望，行动胜过一切空谈，不论是在营销中，还是生产经营管理中，员工要用心去做、沉下心去做、细心去做，这就是“行成于思，行胜于言”的内涵。企业提倡员工不要等待，要立即行动，不断改进和提高，因为如果等条件都具备的时候再行动，恐怕已经失去了很多机会。

东方希望“教练学校”的主要任务是让学员为自己注入“强者意识”“积极的心态和正确的思维模式”，使其适应新的生存方式，无论在生活还是工作中遇到问题，都能让自己的情绪和思维方式做出最恰当的反应。员工在工作中要多动脑筋，使用排除法、分配法、分析法、能量守恒法等多种方法测量现状、分析问题和解决困难。“教练学校”采用现场培训、网络学院视频培训两种形式，紧扣集团发展的节奏，在全集团范围内选拔学员，同时还为重化工业公司定制训练班。

第五章

管理：为大于细

刘永行曾经对中国企业成功的要素进行了总结，20世纪80年代初企业成功靠胆识，80年代末技术成为重要因素，90年代初重要的是资金实力和足够大的生产规模，90年代中期最重要的因素是营销能力，90年代末及之后效率和成本将决定企业的成败。尤其是生产资料领域，社会分工日益细化，技术趋同，生产规模大型化和买方市场的到来，都预示着企业效率和成本控制将成为重要因素。中国企业在生产要素上占优势，但在经营管理的若干环节上牺牲了效率。由于制造企业的绩效目标完全依赖于企业能否按照市场需求的价格和数量生产商品，管理者应该认真思考生产的原则。管理者必须首先了解经营需要的生产系统类型、系统运作的原则、生产系统的哪些部门能组合应用到更先进的系统、采用的每一种生产系统在管理上有何特殊要求，然后尽量一致而彻底地应用这些原则。越能一致而合理地遵循这一正确逻辑，就越能进行有效管理，企业生产所受的限制就会越少，并能把这些物质限制转化为机会。有些企业对要从事的事业往往缺乏深入的思考和认真的模拟演练，没有事先清晰地看到事情完成后的状态，因而在创造性的工作中很难取得成功。如果能够制定企业战略、狠抓细节管理，则可以成大事。

东方希望之所以能盈利，主要是管理效率惊人及其成本优势。刘永行具有从细节里嗅出商机与风险的过人能力，他特别重视细节和精细化的管理，这从2008年三门峡氧化铝厂烧碱收购事件中可见一斑。他在管理中注重“做局域网小数据”“追求点点滴滴的合理化”的精细化意识，在企业内部推行标准化管理和规范化管理制度。标准化管理要能触及管理的深层，其原理就是要动态地暴露问题。只有正视问题，才能解决问题。他的规范化管理是“导弹式的观念”，不但有预设、有测量、有追踪，而且还有修正。首先描绘管理的理想状态，然后把实现的过程在头脑里模拟演练，反复思考推演，直到“看见”结果为止。在规范化管理的基础上，逐步调整人力资源，减少人力资源浪费并挖掘潜力，提高生产效率。刘永行的细节管理折射出其工匠精神，也体现了中国企业致力于扎扎实实地把每件事情做好做细的理念。

管理最强的定义是最小

刘永行是一个创业英雄，与同时代每一个苦苦挣扎的创业者类似，他喜欢从小事做起，喜欢通过一件小事观察一个人，也坚信不断通过实践锻炼的人才有可能成功。在创业初期养鹌鹑时，他每天凌晨 4 点钟就起床，打扫卫生，蹲在地上观察小鸡，做记录。他常常一蹲就是两个小时，待在棚子前一动也不动，慢慢就养成了一种职业习惯。后来进入饲料行业，有了新原料，他都要亲自尝一尝，看看是什么口味，真正了解自己的产品并对其负责。这种从小事、从细节入手的做事风格主要源于其更早期的无线电维修经历。修理无线电设备需要逻辑判断，仔细地找出机器的毛病，然后修好它。这与办企业相同，创业者要有远大的理想和抱负，同样需要学会把远大的目标分解、简化成具体的一件件事情，去克服一个又一个困难，并不断成长壮大。

与做“大”企业相比，做“强”企业重要得多。刘永行在管理中不追求规模最大或者利润最高，而是追求企业最强。他认为：要想使企业更强大，就要做正确的事情，狠抓企业小数据，追求点点滴滴的合理化，这才是实现理想最切实的方法。宏远目标的实现只能依靠一步一步、一天一天踏实努力的积累。企业只要事先考虑到事情的每个细节，全神贯注于眼前的每一个瞬间，未来的景象就会自然呈现在眼前。如果我们祈愿要做成某件事，就要把它变成强烈的愿望，并一直思索到能清晰地“看见”成功的景象为止。成功的景象在头脑里形成清晰的印象，事先能“看见”的东西就能做成。如果能够描绘成功的过程和情景，那么成功的概率就极高。既拥有经营大战略的头脑，又注意细节小事的敏锐，做细心、周到的准备，是刘永行成为“长跑冠军”的原因。他说：“如果愿意每天做出哪怕千分之一的改进，日久天长，能力就会得到惊人的增长。据计算：假如每天能力提高千分之一，1 年之后能力就可提高到 1.44 倍；3 年之后就可提高到 2.99 倍；5 年之后就可提高到 6.2 倍；10 年之后就可提高到 38.4 倍；25 年之后就可提高到 9140 倍。”

东方希望的成功表明，经营者的眼睛可以眺望高空，但双脚必须紧踏在地上。不管在工业经济时代，还是互联网时代，把小数据抓得越牢，公司的整体效率就越高。东方希望的“小数据”概念的具体含义是：把单位产品耗费的大自然资源，能源、土地、时间、劳动力及各种原材料的这些指标做到全世界最小，所有的指标都做到行业最优，企业的竞争力就自然而然提高了。在东方希望，哪怕是召开小型会议，也要求“会而必议、议而必决、决而必行、行而必果”。当前经济形势较为严峻，企业只有通过“术”的不断改善，也就是对小指标的修正，才能适应行业低谷和市场变化。东方希望衡量成绩的指标不是看盈利绝对值，而是看小数据，看是否以建设时间最短、单位耗费的劳动力最少、速度最快、单位投入最少来最精准地达成目标。当把这些数据做得越来越小的时候，就能把握它并且贡献越来越大。这是东方希望生产的原则。当然，改善各项小数据、小指标是一项长期的工作。刘永行总结，他的企业每吨产品占有的土地面积、占用的投资已经做到行业最优，未来耗电量要做到行业最优，耗蒸汽量、劳动力消耗要做到全世界最小，事故率要做到全世界最低。

·面向未来定义企业生产系统和管理要求

企业提升生产绩效主要有两个通则，一是能够在更短的时间内将生产限制降得更低，彻底、持续地应用生产系统原则；二是遵循更先进系统的原则来组合生产各部分，并学习如何在企业内部协调两种不同系统。管理者必须根据企业产品和生产的性质来满足公司应采用系统的要求，及早为长远的未来制定基本投资决策，而不能止步于企业现有系统的要求。作为横跨农业、工业两大领域多元化经营的东方希望，多种生产系统并存，不同系统代表着对物质限制不同的控制程度，所要求的管理能力和绩效顺序也不尽相同。当组织惯例、历史、技术和知识障碍阻挠企业采取适当的系统时，管理层面临的重大挑战是如何有效地克服这些障碍。在刘永行的企业中，管理层要求负责生产的人员先了解哪一种生产系统最适合，充分分析生产流程并持续采用这种生产系统的原则，消除对提升企业经营绩效的限制。

在大规模生产多种产品的产业中，其生产方式比较接近同质阶段的生产方式，而不是技能性的组织生产方式。这种新式的大规模生产能在广泛的产品范围内更为便宜地供应客户所需的产品，蕴藏了巨大的自动化生产机会。企业只有充分了解生产是怎么回事，才能发挥自动化的效益。一方面，大规模生产需要高资本投入和高度连续作业，必须建立能持续销售产品的组织；另一方面，生产流程和产品合二为一，生产流程的改变会创造出新的产品，而无论现有市场是否有新产品需求。企业管理层的主要职责是必须为新产品开发新市场，同时维持旧产品稳定的市场需求，防止经济活动极化现象。由于销售组织的建立健全需要耗费 10 年甚至更长时间，生产设备完工后变动弹性几乎没有，且投资总额可能非常庞大，新市场开发需要长期努力，所以管理者制订生产规划时往往需要考虑到更长远的未来。

在经营活动中，每一个分项目都可以找到最优的办法。但综合起来看，不可能使诸多因素都达到最优，分公司的最优方案不一定是集团最合理的办法，这就存在着战略与战术、宏观与微观、总体与局部的关系问题。刘永行要求各分公司服从大局，公司内部，车间、部门与公司，班组与车间也是如此，整个集团管理要追求最大程度的合理性。集团总部不可能一手控制企业所有的功能，所有的部门在每个生产经营阶段都必须密切合作，了解自己部门的工作，明白部门工作对整个企业的影响，并在分权的层级上制定影响企业的决策。集团又必须通过公司内部培训等方式提高员工的能力。

在当下甚至是未来数十年中，持续应用大规模和自动化生产将是提升企业经营绩效的重要方式之一。真正影响有效生产的不是机器，而是原则问题。企业要在精简机构、定岗定员上追求最优，在提高劳动生产率问题上必须走在社会的前面才能生存，这是制造行业的基本原则。

· 用小数据对标来确定管理点

东方希望要求企业各部都用小数据对标行业或集团内一流公司，通过分解小数据找到管理点。这样，管理者就必须将各类行业先进的新指标数据牢记在心，随时对标，持续改进。以电解铝为例，包头希铝公司的每吨铝直流电耗与加拿大和美国同行创造的世界最低能耗是一样的。在吨铝的全厂综合电耗方面，更是比后者还低 200 度。在平均吨铝劳动力消耗上，包头希铝公司为 5.7 个工时，加拿大和美国需要 7.8 个工时。东方希望做出规划，部署争取用 10 年时间，将电解铝厂吨铝的劳动工时消耗逐步从目前的 5.7 个工时降到 5 个工时、4.5 个工时、4 个工时……最终达到甚至超过世界最先进水平。2012 年 7 月，刘永行率东方希望铝业考察团一行 12 人，参观访问了力拓集团加拿大铝业的两家铝厂。其中的 375KA 电解槽工厂人均劳动效率达到 700 吨，吨铝直流电耗达到 1.27 万度，而东方希望人均产铝仅为 400 吨。通过学习交流后，东方希望找到了新的世界标准，确定向人均劳动效率 750 吨、吨铝直流电耗 1.2 万度的世界级目标迈进。

环保工作是重化工企业生存和发展的关键，东方希望尾气发电工厂的一氧化碳排放量已经远低于国家标准，但刘永行要求不能满足于达到国家现有环保指标，必须把排放指标做得更精更细，氧化铝粒度 -325# 筛下率控制在 10% 以下，并要求公司逐步降低碱耗，提升市场竞争力。东方希望还将继续追求更好的熟料煤耗、电耗、余热发电等主要成本分项的小数据，发挥自身先天优势，密切关注行业新技术，赶超行业一流。东方希望通过小数据进行创新收效明显，包头希铝公司近两年来由此扭转了被动局面，重庆水泥在行业内获取了特有的相对优势。

在对标管理过程中，管理者不能被表象所迷惑，企业指标分析必须数据化、查找原因必须本质化，并确保把正确措施落实到位。在东方希望内部，煤炭等大宗物料的采购必须用数据量化工具，这是把好采购入门关的工作方法与管理要求。东方希望降低库存则从三个方面入手：一是生产车间确保降低消耗，二是采购部门把握好计划进度，三是物资管理部门盘活企业闲置资产。环保安全防治的重点则是做好工厂跑冒滴漏等无组织排放，现场清洁文明生产要对接标准管理规范，生产经营与产品质量的管理点则是强调分析质量与品牌、品牌与营销之间的辩证关系，加强有效营销。

·通过现场管理改进小数据

刘永行贯彻现场主义，仔细观察现场的状况，常年亲临全国六大实业基地的生产现场，对原料、产品、机械、工具、各道工序等所有要素重新过滤，事无巨细，一一审视。他出差的效率非常高，尽可能把很多事情合并，每个行程都安排得很紧凑。他通常是在早上6点钟参加两个小时的会议。会议之后乘飞机到另一个基地，然后考察附近的一家公司，中间没有一丝空隙。他习惯在现场察看和了解情况时，边听取管理人员的工作汇报，边与他们讨论或直接提出整改要求和指导建议，及时、就地解决大部分问题。他很少去分公司的办公室停留，就直接转往下一个目的地。

对刘永行一次实业基地考察过程的描述，最能生动呈现东方希望通过现场管理来改进小数据的做法。一次，刘永行对新疆新铝管理片区进行现场检查，首先，在热电部集控室要求电厂所有机组进行阶段性的满负荷实验，富余的发电量通过调整铝厂的需求来全部“回收”，避免回流引起电网震荡，使电厂和铝厂达到供需相对平衡的状态，以便在供电紧张时，铝厂可以通过调整减少用电量确保正常生产。接着，在电解铝车间，刘永行提出不断地调整工艺流程，加强规范操作去解决电解槽槽温低、氧化铝溶解性差等问题，减少对低锂盐氧化铝的依赖。随后，他要求碳素部钢爪车间尽快提高产能，为兄弟公司提供满意、合格的产品。在工业硅冶炼车间，他要求制定治理“自动倾翻浇铸系统的烟气回收和硅模车的轨道清扫”的方案。他认真梳理好多晶硅在投产前的每一个细节，一一消除潜在隐患，保证顺利投产。多晶硅的精馏车间、还原车间、尾气回收车间、冷氢化车间和整理车间的工业建筑则要求像居家住宅一样中规中矩，打造精品工程。同时，就多晶硅基建中降低厂房高度、增加检修通道、减少管廊铺设等问题，刘永行与随同管理人员进行讨论，并现场提出整改方案。

在现场管理中，刘永行关注的都是具体的小事情。他认为将每一个小事情做好，大事情就不会出现差错。他尤为强调生产现场的全员参与和持续改进，在企业深植“整理、整顿、清扫、清洁、素养”的5S现场管理观念。东方希望的现场办公除特定的主题外，例行的询问则主要聚焦安全环保生产和降本增效。刘永行高度重视环保，特别是扬尘、粉尘治理工作，他给员工传授无动力除尘原理和粉尘治理的小数据“读秒”管理方法。他认为粉尘治理要深挖本质、防治结合、控制源头，切实提升安全文明生产和施工水平。他提出高效利用辅料堆棚、不断提高堆棚容量、减少人工转运等管理要求；并就如何减少噪音扬尘、降低转运及建仓成本，提出因地制宜、备而不用、筒仓与堆棚对比分析的具体建棚方法。

刘永行指出，企业在生产经营中，要点滴改进分项小数据，他要求每个员工要将精力有意识地集中到某一事物的一切细节上，无论何时、无论看到什么现象，都要不放过任何细节，这样经过不断锤炼后就会具备抓住事物的本质和核心，做出正确判断的能力。东方希望尤其要求管理人员进入研究状态，多比较、多思考，提前规划开采计划，合理使用各种资源，从而减少废料、减少转运，不给下游制造积累难题。这种着力于细微之处和点滴改进的理念始终贯穿于东方希望的各业务群中。一是针对矿车故障导致高空置率的问题，管理者必须制定标准、对标先进，建立良好的设备维护保养制度，每台单车运量力求达到满负荷标准，并进行动态记录和分析，制定单车运量标准，在矿车尾部加装自动挡板，从而最大限度提产上量。二是精准分析水泥主生产厂区的单台矿车运量、石灰石的分布、成分、开采年限、立磨电耗等各分项指标，重点研讨如何借鉴兄弟公司的先进经验。三是水泥公司在产品销售数量、类别、比例、市场、布局、利润等方面把细标分解成小数据，实现有价值销售，一方面充分发挥水泥足、骨料足、熟料足的"千足虫"效应，开放竞争，吸引足够多的客户；另一方面充分利用发达的交通，减少客户等待时间，在产品质量、经营业绩等方面取得进步。四是通过不断对标学习和技改优化，新铝管理片区钢爪车间利用公司基建废旧钢材，实现了吸铝管、硅锭模、钢爪、电石锅等工具的生产，并正在准备球磨机等设备所用钢球的生产。刘永行要求进一步研究自动化、智能化、集约化生产，从而不断降本增效。

·持续改进小数据，变不可能为可能

刘永行认为，认真做好每一件小事情，持续优化小数据，制定正确措施并及时落实到位，就可以把不可能的事情变为可能。东方希望作为一个负责任的企业，关键点之一是落实具有高标准、严要求特点的环保工作。通常的做法是先在集团内部进行对标，然后再面向社会，多渠道熟悉市场，选择合适的设备和材料，一次做到位，并为后续减少排放预留空间。工业硅部进行对标学习，释放劳动产能，建立更加精细的标准化操作流程，做到即使吃"粗粮"也能生产出合格的产品，减少了外界因素对工业硅产品的质量影响。例如，部门将采购的木材加工成木方，将木方用在更适合的地方，生产则利用剩余的边角木片，以合理利用资源，降低运营成本。冶炼车间在投入使用自动倾翻浇筑系统后，劳动效率大大提高，产品竞争力增强。对于多晶硅循环水，东方希望以“流量”为中心进行设计，合理利用水池大容量具有的良好散热性能，考虑逐步取消小型的冷却塔，就近处理废热，通过减少管廊和管道铺设来消除浪费。经过反复研究改进，碳素部成型车间现场整治、烟气治理、清洁生产得到了明显改善，钢爪车间已经能够自主生产吸铝管、四爪、六爪钢爪、电石锅、硅锭模等生产所需备品备件，车间机械化、智能化废旧磷铁熔炉效能进一步提高。

企业要想制胜归根结底在于劳动效率

刘永行所从事的重化工业和饲料行业几乎都是处于产能过剩的行业之列。企业要在过剩的行业里生存，就必须通过精细化的管理和最高效率的运转获取生存空间。刘永行认为，中西方企业经营最大的差异有两个方面，一是做事的精细度，另一个就是劳动生产率。在当前和今后很长的一段时间内，中国企业的核心竞争力是效率成本，即生产成本和更高的劳动生产率的优势。所有的效率，如每件单位产品耗用的劳动力最小、耗用的能源最小、耗电最小、耗时最少、占用土地最小、消耗资金最少、周转期最短，统统都是小数据，最终归结起来就是成本。企业降低成本有两个方面，一是减少物资原料的消耗，二是提高劳动生产率。前者可改进余地有限，唯有提高劳动生产率的空间比较大。这表明，在市场经济逐渐成熟、经济常态发展的时候，企业真正应该获取的利润是需要从自己的牙缝里挤出来的。

·中国的人力资源昂贵

根据中国经济学家白重恩教授的研究，在1978—2008年中国GDP的增长中，人力资本积累的贡献是3.21%。2008—2017年近10年人力资本积累对GDP增长的贡献下降至1.04%，而且劳动生产率潜在增速也逐年降低，将从2016年的6.12%下降至2050年的4.04%。从产业层面来看，中国制造业与发达国家制造业的劳动生产率差距悬殊，2017年，美国制造业生产率是中国的5.7倍，德国、日本、韩国制造业劳动生产率是中国的3倍多。刘永行根据在国内外考察的经历和见闻得出结论：中国单个人员工资低，大概只有世界先进国家人工的1/20，但我们的人力资源比国外多用好几倍，导致中国企业单位成本的工资往往是最高的。拿中美饲料企业比对，美国饲料厂的劳动生产率几乎是中国同等规模企业的10倍。1992年，美国工厂生产150吨饲料，每吨饲料的人工成本是6美元；东方希望每吨饲料人工成本平均水平是50元人民币，当时国内工资比美国低10~20倍，但成本相当。目前在东方希望的饲料厂，劳动力成本在利润中的占比已经上升到30%~40%，新建厂这一比例甚至高达80%。工资本来是中国企业的优势，却被低下的效率冲销了。以现在的饲料行业的利润率来推算，员工工资水平只需上涨2~3倍，许多企业就会亏损。

1997年，刘永行才意识到我国劳动效率低下的根源。美国饲料厂没有验货员和化验员，原料供货和产品出厂都是凭合同和信誉。在东方希望的饲料厂里，有3/4的员工都是辅助人员，用来互相制约和互相监督。所以，企业要把人员素质提高放到新的高度来认识。东方希望的一家公司在1995年之前水耗是每月1.7万吨，禁止浪费行为以后，到2009年水耗是每月1700吨。

而2009年，参观一家韩国面粉企业的经历让刘永行意识到提高员工工作效率的重要性。韩国面粉厂雇用了66个员工，每天处理小麦的能力是1500吨。东方希望的工厂每天处理能力为250吨，一般需要雇用70~80人，所需的人工是韩国工厂的6倍（国内其他企业雇用的人手比东方希望的更多）。但无论是一线工人还是管理者，如果手头的工作做完，就被安排去完成其他的任务，手脚不停；如果员工一专多能、身兼数职，在岗位比较空闲时会做一些其他的事，就能节省人力，提高工作效率。相反，如果员工觉得把自己的事情做得差不多就够了，做事情的效率低一点点，就会使效率大幅下降，体现在一个企业或者国家身上，就会产生巨大的落差。这种落差并非依靠管理就能解决，员工的补位意识完全依赖于自觉性，关键所有人的效率都必须提高到一个水平上，一个都不能落下。这需要每个人不断改进工作，把工作做到位甚至超出预期。

·所有的效率最终就是人的效率

东方希望的重化工业劳动效率是中国企业平均水平的四倍，包头希铝公司的劳动效率甚至高出美国、加拿大平均水平的50%，这也是包头项目无论经济大环境如何变化都一直盈利的根本原因。在2002年包头希铝公司建立时，大家希望新公司的人均产能翻番到60吨。刘永行说一定要到300吨，所有人都觉得这个数字不可思议，但他坚持这一目标。到2013年包头厂的人均产能不仅达到了他当初的设想，甚至还超越不少，达到了420吨，如今这一效率指标还在继续攀升。不过，与世界最先进的劳动效率相比，东方希望只有对方的60%。这个最先进的代表是加拿大力拓加铝，其在2012年的人均产能就已经高达700吨，排名全球第一。这也成了东方希望的新标杆。这个全球最好的标准究其根源，还是工资不断上涨倒逼出来的，工资上涨压力的传导，要求提高员工的技术水平和产出。刘永行喜欢思考，对效率的研究是他的第一优势。他分析，生产资料提供商的核心竞争力在于成本，而成本的来源就是效率。一个公司如果不能随着社会的发展增加员工的收入，这个公司必定会被淘汰，而且员工工资的增加不能从成本上增加，必须从效率提高上获取。20世纪80年代末和90年代初，工资占我国企业利润的比例只有5%左右，后来这个比重一直在上升，一直提高到了10%、30%，甚至70%。最近10年里，城市居民的工资增长了五倍。刘永行说，未来10年，工资再增加五倍，生产型企业绝对承受不起，按照现在的效率水平，人工成本只需要再增加100～200元，生产企业就几乎没有利润了。市场竞争是残酷的，市场不相信眼泪，企业为了生存必须要提高效率。在效率中最重要的是客户终端的效率，这相应要求企业密切联系市场，转变观念，提升专业水准，提高服务能力，提高人的效率。所有的效率最终就是人力资源效率，就是人均效率。人力资源的附加值最高，很多企业一谈到自己人力资源方面的先进性就列举麾下拥有高学历的员工数量，但人力资源的优势最终还是要归结到这个源头问题——企业的盈利和效率在哪儿？要做到既要有高素质的人才，又不导致人力成本过高，就要充分发挥人才的效率，这是企业生存最根本的法则。

防患于未然而不是追求当下享受的观念已经深植于中国的文化中。刘永行对提高人力资源效率有着强烈的危机意识，人力资源成本控制不好就会呈刚性增长，让企业没有办法渡过难关。企业要生存下去，员工的工资要增加，企业家不想让员工失业，就必须不断提高劳动效率，但这需要所有员工的配合。在东方希望谁不配合，谁阻碍改进，不愿意付出努力，企业就会淘汰谁。企业如果不这样，发展下去就会失控。刘永行十分认同英特尔董事长的观点——“只有充满危机感的企业家才能生存下去，优秀企业家应该是充满危机感的偏执狂。”因此，刘永行也对危机保持时刻警惕。成天唱赞歌却看不到危机的企业迟早要倒闭，如果企业没有抓好劳动效率，也会慢性死亡。做饲料时期，东方希望在这个几乎完全竞争的市场中积累了很多管理经验，并形成了一套企业价值观念。企业内部奉行诚信、正义、正气的价值观，管理者通过榜样、教师、“教练”角色带动员工，公司全体成员事事追求点点滴滴的合理化，竭尽全力创造企业的相对优势，为消费者付出多一点，公司全体成员的美好生活也将随之而来，员工待遇只有通过增进劳动生产率来提高。刘永行给员工施加压力，设定目标。他给员工讲明，如果工作到位可以拿到什么等级的工资，形成工资上升梯度，工作质量达到标准水平，员工就可以拿到高工资。饲料厂在实施这样的精益求精管理制度后，劳动效率得到极大提高，员工工资也得到了提高。这套观念后来被刘永行完整地移植到了重化工行业，并始终贯穿于东方希望的实践。同时植入的还包括领导管理、时间管理和标准管理在内的其他管理理念。

诚然，刘永行对每个人都有无限的潜能和英雄的基因坚信不疑，他基于此实施的人性化管理是东方希望的劳动效率得以进入全球前 5% 的基础前提。刘永行认为，我们在战胜困难的过程中经历了无数次调整，在自己的身体里注入了战胜任何困难的英雄基因，这些基因一方面是体能的，但更多是智能方面的。做任何事情，如果开发人的潜能，坚持下去，虽然要经历艰难险阻，但成功终会到来。一味希望轻松地得到就容易不思进取，容易滋养人的惰性，这样根本无法唤醒我们身上的英雄基因。优秀的员工都需要挑战极限，不断提高自己的能力上限。当员工的能力非常强，能承担重要责任、工作卓有成效时，任何一个管理者都会充分放权给他。企业同样需要挑战极限，尊重人的本性，组建优秀的团队，把人的潜能最大限度、最有效率地开发出来，让他们去做卓有成效的事情，为社会做出更大的贡献，从而受到社会的尊重、收获应有的回报。这才是人性化管理的真谛。

刘永行主张在内部管理上要施加压力，施加压力就是要让员工有点痛苦的感觉，有点力不从心的感觉，有点紧张不能适应的感觉。如果企业中的任何改革都让员工轻轻松松、舒舒服服，轻而易举地就能推广下去，那么这个改革肯定不够深入。没有压力的员工几年以后可能就没有活力了，躺在“舒适区”里的轻松弱化了他对环境变化的反应，由于不适应而最终被淘汰出局。当员工面临某件压力比较大的事情时，他就会调动所有的机能和智慧努力去做，就可能取得成功，解决难题后，他的适应能力就提高了。如此持续几年以后，他就会感到进步不少。

东方希望属于典型的内向型企业，它按照战略思想来做长期的事情，但把具体的时间控制得非常精准。东方希望合理、精准地规划时间，把责任落实到每个人、每个岗位。东方希望利用晋中乃至整个山西得天独厚的铝土矿、煤炭、石灰石资源优势，建成集“煤、电、铝、化工”于一体的大型循环经济产业基地。该项目总投资 390 亿元，分两期实施，于 2015 年 8 月开工建设，有 21 家施工单位，近 100 台大型机械在场施工，整个冬季都没有停工。施工人员实行三班倒，24 小时奋战在现场，春节期间也没有放假，为的就是抢工期、争速度，确保一期工程第一条生产线在 2016 年 5 月投产。这个项目建设时间之短、速度之快令人震惊。

东方希望艰苦创业，其卓越的管理及开拓能力也让山东省工商联原会长刘志民深受触动。东方希望在青岛平度和济南章丘的两个饲料项目仅用了100天就建成了，当时工人住的是透着风的临时工棚。在刘永行看来，企业尊重人性，进行人性化管理，并非狭隘地给予员工轻松的工作条件，实施弹性工作制，让员工睡觉睡到自然醒、数钱数到手抽筋。他去国外考察时发现，有些投资上百亿美元的大型企业，它们的办公室只有几平方米，甚至有些企业临时把几个集装箱堆在那儿就开始办公，它们追求效率、实用和环保。中国的一些企业追求排场，投资几十亿元就要修一栋办公楼，办公面积可能高达一两万平方米，设有几十个甚至上百个科室，造成低效率和大量浪费。受此启发，东方希望形成了一个传统，销售收入七八十亿元的企业，集中化办公面积只有800多平方米，新建的工厂无论规模大小一律实行集中化办公。东方希望的总部有分管饲料、电解铝、发电、氧化铝、水泥、煤化工等10多个行业的职能部门，为了提高效率，全部集中在一层楼办公。

企业应该努力研究每个环节的合理性，消除操作中的无效行为、无效环节，通过各种途径努力提高工作效率，把每个人的特长发挥到极致。同时，企业也要珍惜员工的时间，爱护员工的身体，不让大家做无谓劳动，不让其暴露在危险环境之中。只有这样，才是名副其实的人性化管理。东方希望提高劳动效率的方法主要有两种：一是可以借助计算机电子技术，利用现代化手段，让一个人兼做更多的工作；二是同样的人可以增加新的工作内容。刘永行提倡多用设备、少用人的观念，尤其对于危险性、重复性的工作，一定要实行自动化操作，使用机械化代替人工，释放更大的劳动产能。东方希望将电子信息技术广泛应用到工业生产的各个环节，以信息化带动工业化，实现自动化、智能化生产，不断推进工厂智能化制造，做到人机结合，打造新型能力。实现自动化生产是保障安全和提升效率的基础工作，自动化生产可以提升设备运行效率和安全性能，降低生产成本和事故发生率，推动企业的快速平稳成长。东方希望还努力通过高度的信息化、机械化、自动化来代替体力劳动，让员工解放出双手，有更多的时间、精力去做制定标准、创新改进类的工作，投入到更有意义的工作中去。东方希望通过自动化生产真正实现了“一好、三高、两少”，即综合效益好，设计和建设水平高、自动化程度高、劳动效率高，占地耗能少及用工少。刘永行要求管理者从机械手使用的本质需求进行深入细致的研究，在自动化生产上不断学习、优化、改进，不断加大安全投入，提升现场本质安全，创建安全、稳定的工作环境，以此形成企业的相对优势。对于企业管理，东方希望特别注重不盲目自主研究，要学会让自己站在巨人的肩膀上，看得更高，走得更远。管理中不能靠自己直接管理，不能靠用更多的人管理，而是要用电脑软件来管理，东方希望内部现在基本上实现了电脑无纸化管理。

在任何一家企业，当多数员工都做到极致，具备高度熟练的职业技能，这个企业就能成为行业翘楚。东方希望全面研究提升劳动效率的各项工艺、技术措施，引进先进工具，把员工从体力劳动中解放出来，并对员工进行了多种技能交叉培训。例如，铝锭铸造和铝棒铸造人员要同时掌握两种铸造工艺，以便人员有交叉需求时能迅速切换，保证生产稳定性。一些优秀的管理者和专家有着丰富的实践经验，他们也乐于与大家分享，常常被邀请来指导新员工和帮助基层主管提升能力。工作指导正确，员工的问题就少，劳动效率就会提高。另外，企业的管理者也都乐于承担培训员工、提高劳动效率的重任。东方希望尤其强调对中控人员的培训，要求他们提高操作技能，恪尽职守、精心操作，避免误操作导致事故发生，在“习术”方面发扬“工匠精神”。

·管理者就是提高效率的榜样

从中国“制造”迈向中国“智造”真正的难点在于管理层面。刘永行要求管理者不能盲目地做事，要活跃思维，打开思路，用多个模型思考问题。一是可以借鉴他人的成功经验，二是总结自己以前的经验，杜绝“懒人思想和懒人现象”。刘永行认为，管理者作为企业的领路人，只有站得更高，才能知道大方向，走得更远；管理者要讨论未来，给下属带来希望，培训员工提高他们的劳动效率，成就集团，成就自己的人生，帮助员工成长，激发每个人的英雄基因；更重要的是，管理者要正视公司存在的问题，不去掩饰，承认问题才会得到大家的理解，并运用管理的“二八原则”积极深入地去改进，用 20% 的时间总结成绩，用 80% 的时间讨论未来、解决问题，在困难、问题中找到机会。

刘永行认为，管理者要想科学地给出解决问题的方法，就必须深入研究，养成研究的习惯，深挖本质，追根溯源，寻找问题的解决方案，并且“走出去”“请进来”，集众家所长于一身，使措施及时落实到位。管理者最初的研究或思考模型粗略一点没有关系，通过一步一步改进，做好小事情，“小题大做”，从点点滴滴之处进行合理化提升，最后达到 100% 的生产绩效，就一定能创造奇迹。管理者做计划都要留有三重防线，不然企业很容易“失守”。在工作中可以使用排除法、分配法、分析法、能量守恒定律等多种方法衡量现状、分析问题、解决困难，并善用数据分析做决策。在做决策时，数据不仅要同历史数据对比，还要与行业先进标准做比较分析。管理者要抓住事物本质，不断对标学习，进行精益化改进，打造精品工厂，自动化生产设备的引进需要建立在提高劳动效率的基础上，在操作和检修上也要培养一支专业型技术人才团队，只有这样才有竞争力。

在刘永行看来，管理者要警惕“只以结果为导向”“以成败论英雄”思想的危险性，“只以结果为导向”“以成败论英雄”容易让人急功近利，导致发展不可持续。正确的做法是狠抓过程管理，研究小数据，应用标准循环管理不断改进，促进员工始终保持进步、改善的状态，保证企业中的每个人分工明确，并因担负独特的工作而与众不同。这些又相应需要管理者深入实践，走进现场，亲身去解决问题，提升战略洞察能力，主动梳理流程，平时就强化队伍训练。这样，企业的管理也就自然简化了。

此外，刘永行还提倡要引导企业前进，要发现人才，充分用好人才。反之，如果公司各个岗位都被“差不多先生”占据，好的公司也会被弄垮。管理者要给来请示汇报的员工出点子，这是比较低层次的必做事务。更重要的是怎样发现和培养人才，给他们创造一些条件，帮助他们开展工作，并教给他们方法。管理者一定要当铺路人，教会员工在路上跑，可以在前面领跑，但更多的时候需要在旁边观察，让下属去跑，也可以在后边推着他们走，这些都是为了帮助员工成长。管理者要做领路人，就必须比员工跑得快，走慢了成了人家的绊脚石，就应该让路。

刘永行认为，管理者要把成绩让给下属，责任要自己承担，承担责任与掩饰失误是两码事。公司的业绩就是总经理的业绩，把业绩让给下属，下属才会心存感激，把工作做得更好。管理者要发挥作用，战略、战术、战役、战斗同等重要。企业更需要做好管理者的培训，鼓励创新，充分释放他们的积极性和创造性，给每个有潜能的管理者更大的发展空间。

·以“智造”提升劳动生产率

“智造”的概念成为制造业的热门话题。越来越多的企业用自动化生产替代人工生产，以此来提高生产和劳动效率，推动传统制造业不断转型升级。在全球制造中心成长起来的中国企业形成了大量的中国式创新，为“技术研发—制造”的联结奉献了丰富的经验。东方希望的工程师们不断在机械化、自动化、智能化建设上下功夫，“以速度换深度”，获得研发迭代和规模化的经验，显著提升了企业劳动生产率。

例如，包头化工的氯工区合成工序班组最初有 32 名员工，合成工序中一个重要且特殊的岗位职责是需要“看火人”根据火焰的颜色来判断、确认氢气与氯气燃烧合成的氯化氢纯度。2013 年，班组人员集思广益，通过增加折射镜辅助工具，把“一人负责一台炉”改善为“一人负责两台炉”。之后，公司技术人员引入视频监控，经过多次技术交流探讨，攻克火焰温度极高、试镜不具备安装条件等难题，2015 年年底实现“电子眼”替代人工观察火焰，并辅之以火焰异常检测中控 DCS 连锁系统和试镜自动清洁装置，成功把“看火人”从劳动中解放了出来。之后，考虑到气体的特殊性，点火方式就成了合成工序中至关重要的环节。行业内传统的人工点火法耗时长、安全风险高、劳动强度大且工作效率极低，这一工作通常需要至少四个人耗费近一小时才能完成。公司组织技术人员到同行业优秀企业和生产厂家进行对标学习。经过长达半年的反复模拟、现场试验和验证，最终实现了中控一人远程操作一键点火，做到了人机结合，减少人工作业，让员工更加高效地工作。东方希望的众多公司仍在不断学习、创新，推进智能化制造，实现更安全、更高效的管控体系。目前合成工序每班 3 人，班组仅 12 人，在人员精简的同时又完成了公司满负荷生产，劳动效率得到极大提高。

·自然而然，不争为先

刘永行认为，对于人才而言，最重要的是具备谦虚之心、内省之心，以及抑制自我的克己之心，还要能够坚持正义，持续进行自我锤炼，牢记并坚持正确的为人之道。管理者要脱离“伪、私、纵、奢”，严于律己。重新思考这些单纯的规范中包含的意义，严格遵循这些道德规范，在当今显得格外重要。企业内部之所以频繁出现舞弊事件，就在于一批有才气但缺乏领袖气质的人占据了领导岗位，一批缺乏内在的精神规范和道德基准的人，以及缺乏厚重人格和深刻思想的人在公司掌权执政。企业为此进行管控监察，就是要做自然而然、不争为先的事情，关键是标准化与信息透明化。

发展中的东方希望要求大家必须做正确的事情，自然而然地按照法规、规矩去做符合人文科学规律、国家大政方针、大多数人长远利益的事情，并将正确措施及时落实到位。有的事情仅在窗口期才能做，否则会出现副作用，该快就快、该慢就慢，做反了会产生坏的结果。在东方希望，员工要进步、要升职，需要通过诚实劳动去争取，用舞弊的手段去争必将受到惩罚。东方希望设立监察部，督促企业人才做自然而然、不争为先的事情，保证了集团的标准和规章制度得到执行，发现问题及时调整。

对于取得了一些成绩但要离职的员工，刘永行的态度是让他走。刘永行认为，如果为了留住他们，就采用升职加薪的办法，这对企业无异于是自杀行为。曾经有一家民营企业模仿东方希望建设氧化铝厂和电解铝厂，把包头希铝公司和三门峡氧化铝厂的两套班子，从总经理到各部部长几十个人，全部用高薪挖走。面对人事“大地震”，刘永行没有愤怒，还借此提拔了许多年轻人。他认为，作为总经理，你的责任就是把公司搞好，就是带领员工努力向上，如果为了私利，抱怨这也不是、那也不是，企业就主动淘汰你。当然，东方希望不搞苦行僧主义，但也绝不用钱来留人。员工做得好，企业及时给予肯定，让他更有自信心，相信自己能够做得更好。东方希望会采用奖励的手段，但更重要的是用鼓励的方式。刘永行觉得，员工挣钱是工作的自然结果，享受比较好的物质待遇也是自然。包头希铝公司电解铝部有一位叫李鸿的 90 后小伙，2015 年入职时只是一个普通的维修工，但他在平凡的岗位上通过不断的实践摸索，完成了残极压脱和装卸站的岗位合并、碳块推送系统自控连锁等一系列提高生产效率的创造性改造工作。他在为企业创造价值的同时，个人薪资也增长了近三倍。

精细化管理哲学的实践

中国在劳动力成本、资金效率、原材料成本等这些生产要素上都占优势，组合这些要素的中国制造企业理应比国外企业更具竞争力。随着经济发展、实力增强、集群提升和社会进步，中国产业开始迈向高端。中国企业在历经以速度和规模取胜的发展阶段后，进入到与西方企业比战术的完整性和细节的精细化时期。企业在顺势、明道后，接下来就是尽可能做好每一件小事，精细化管理，每个细节都要做到 100%。早在 1996 年，刘永行就提出对分公司不要求做得大，要求做得强，从用人海战术牺牲效率、追求速度，调整到通过精细化管理出效率上来。就是从提高一度电、一吨水和一个人的效率做起，在每一个细节上都要强。做强就要有一种核心能力，核心能力是变化的、相对的。企业提高精细程度就是企业管理要前移，进行过程跟踪，发挥“工匠精神”，努力把事情做到极致，哪怕是旁人眼里再无趣的工作，也能做到各项指标更上一层楼。把小数据做得越来越小，让单位占有时间最少、土地利用率最高、劳动效率不断提高，再扎扎实实地降低成本，建立比竞争对手更多的相对优势，利润自然就产生了。这就是东方希望的竞争力。

刘永行曾说过：“所有的细节都合适，自然就能实现战略目标；细节上有一个持续精进的过程，我们再过10年、20年，未来高端的东西就会慢慢体现出来。”暂时做不好小数据没有关系，“魔鬼”藏于细节之中，要容许细节上的失误。但失误需要快速地改进，且通过不断实践来修正，一千个、一万个改进，点点滴滴合理化，精益求精，才能保持最先进、最精尖和最领先水平。刘永行的精细化管理理念贯穿于东方希望的各个业务版图，甚至渗透到员工生活的点点滴滴中。

·基础管理是效率之源

刘永行把基础管理比喻成汽车，经营运筹好似驾驶员，如果汽车的质量、性能不好，即使驾驶员技术再好也是枉然。在刘永行看来，没有具体基础管理的扎实工作，仅仅依靠市场机遇和经营运筹取得一时的成功，也只能是昙花一现。价值观、战略战术是虚的，要与实务结合起来，形成整体，最终落到微观层面，落到战术上。众多失败的民营企业曾经辉煌一时，可是没有扎扎实实的基础管理，结局让人唏嘘。东方希望做实业，坚持不去玩“空手道”，消除作坊式的工作方式，通过科学方法扎实做好基础管理。东方希望定位为现代化的企业，借助信息化、自动化、智能化等先进工具，代替员工的体力劳动，做到人机结合，建立安全、高效的管控体系，实现自动化管理，让工作更安全、更体面。做重化工业和饲料行业的诀窍都一样。刘永行把在饲料主业中积攒而来的精益求精管理意识带入了重化工业，反对企业基础管理急功近利，强调扎实做好每一件小事，从点点滴滴处降低成本、提高效率。在东方希望，管理创造的低成本和高效率是生产要素在众多环节整合的结果，是战略布局的成果，也是与同行的区别所在。同样是运输煤资源，东方希望建设皮带运输，一吨煤的运输成本大概是 60 元。其他企业宁愿用汽车拉，一吨煤用汽车拉回来的运费大约是 75 元。假定企业一年需要耗 2000 万吨煤，东方希望就相比其他企业节省 3 亿元的运输成本，这实质上是企业利润。

东方希望基础管理的核心是标准循环管理，企业所有岗位都有标准，各项管理都严格执行标准，管理人流、物流、车流、水流、灰尘流等有序流动。在东方希望，所有设备都要实现目视化，所有的标准都必须研究读秒，所有的主管都必须进行读秒研究，做到管理数据化、数据表格化、表格电脑化、电脑自动化和自动人脑化。这时员工被解放出双手，有更多的时间和精力从事标准制定、创新改进等工作，建立比对手更多的相对优势。

安全环保生产、降本增效是东方希望基础管理的要旨，也是刘永行每次去实业基地现场指导时最关注的两个主题。安全、环保、健康就是生产力，企业通过引进自动化、智能化设备来把控安全，从根源上解决安全问题，确保一切工作的本质安全。“巨大的电解铝车间内，只有数百台电解槽发出的轻微震动，看不见工人，听不到异响，闻不到异味。”2014 年《包头日报》的记者张洪钧如是描述在包头希望铝业电解铝车间看到的景象。东方希望向最高的资源管理水平、劳动效率和自动化程度看齐，改良工艺设备，抓好运行细节管理，减少个体差异，将自己全力打造成各项生产指标最先进、安全环保、优质高产的一流企业。与此同时，企业标准化必须与降本增效相结合，降低消耗，通过提升资源效率、土地效率、资金效率、能源效率来获得竞争优势。企业在发展中可能会遇到政策瓶颈，但是如果能把所有指标做成行业中最好的，那这家企业就很难被淘汰。另外，基础管理还需坚持“做减法”原则，要简化。东方希望的管理很简单，全部理念浓缩在一张卡片、三个原则、155个字上，基础管理中如果有一项不按照这个理念做，一定会失败，只是时间早晚而已。

·点点滴滴的制度合理化

战略对于高层领导人很重要，而所有战略都是由战术构成的，对于基层员工而言，战术更重要。战术的成功是保证企业战略成功的必要条件，人才、技术、资源、资金使用、效率、信息缺一不可，某一点上的失败可能会影响企业的全局。企业将管理上的小数据，将战术上的一切效率发挥到极致，就能产生相对优势。东方希望实施精细化管理，改进技术、降本增效、填平补齐，并大力发展循环经济，实施清洁生产，进行节水改造、节能改造，对氧化钙、金属镓等一系列资源进行综合利用。企业经营项目只锚定相对优势，进行点点滴滴的改进，直至做到最强。

早期做饲料行业，刘永行就提出“既好，又快，还省”的投资观念。由于“省”容易引起偷工减料、质量低下的联想，当业务版图拓展到重化工业后，他的投资观念逐渐被打磨成“既好，又快，还要消除一切形式的浪费”。

刘永行的丰都水泥厂利用项目建在沿江斜坡上下550米的落差，实现动势能转换发电，以满足矿山破碎的全部用电。后来刘永行深入一线指导生产经营，要求建立管理标准，要建立色带，设置挡板，机械化操作，减小劳动强度，以及根据原料特性，安排合理的堆放位置次序，并提出不断提高堆棚容量，减少人工转运等具体管理要求，以实现水泥原料堆棚的高效利用。

包头希铝公司认真推行精益求精管理，将节能减排纳入生产的每一个环节，各项节能减排指标在同行业中名列前茅，年节能量为 18.97 万吨标煤，2008 年至 2011 年累计节电 7 亿度。其中，借助铝水出炉到铸造之间的 250 度温差降低电耗这一项就节电 3 亿度。在 2003 年投产时，包头希铝公司的技术领先全国，企业以为凭借“一招鲜”能够打天下，但是到了 2007 年技术落后了。2008 年 8 月以后，包头希铝公司推行节能减排，取得了很好的成绩。所以，在管理上要转变观念，不断改进。

三门峡氧化铝厂的均化大棚长度为360米，跨度为63米，可堆存矿石8万余吨。刘永行建议将取料皮带移至大棚外边，尽可能扩大均化库的堆存，提高利用率。

2014 年 9 月，东方希望在山西开工的一个项目最初的规划是年产 120 万吨，经过前后共36次的优化和不断纠正，项目规划能力达到了年产700万吨。2018年，刘永行到晋中铝业生产现场检查指导时，在三线蒸发钢结构现场用“立木承千斤，力的传递，直截了当，要不搭桥或者少搭桥，还要不断地进行修正”，讲解东方希望“习术要善修正”的内涵。他在原料车间要求利用势能减少动能，通过改变旋流器位置来降低中间泵电机功率，针对公司赤泥库的回填、复垦、复耕等规划，提出把这项工程打造成东方希望的“样板工程”。

通过管理的点滴合理化，东方希望三门峡铝业公司成为世界一流的企业，包头希铝公司成为中国一流的企业，重庆石化摘取了石化行业 PTA 的桂冠，呼伦贝尔化工则拉开了东方希望煤化工的序幕。

相对于饲料行业，重化工业技术含量高，对安全和环保的要求更高，重化工业中的标准、条件不能随意改动。东方希望调整了以往在饲料行业完全自主创新的探索模式，从工厂设计环节开始就与专家讨论并最终得到专家认可才做，不成熟的东西不做。刘永行要求，各级管理人员要加强标识、定置、厂容厂貌等细节管理，规范现场作业环境，引导员工将标准规范刻入潜意识。另外，还要把客户反映的问题和需求作为技术研发、创新的出发点，通过建立长期的客户档案进行追踪服务。

·降本增效深入到基层“啃骨头”阶段

企业竞争的焦点是效率成本。资源和资金支持相对缺乏的民营企业是一个更为倚重市场竞争力的群体，东方希望的核心竞争力就是低成本。市场一直是按照满足高峰时期的需求来配置产能的，经济一下滑，产能肯定过剩。无论是在国内氧化铝行业还是电解铝行业亏损之时，东方希望的铝厂都还在盈利，其中，包头铝厂每吨成本平均低于市场价约 3000 元。东方希望在饲料行业的利润水平保持在全行业的五倍，水泥项目也在成本、技术、运输、原材料各方面都有优势。

在重化工行业，企业技术好、产业布局好，竞争力强，投资成本低，资源消耗小，人员消耗少，原料、能源、土地消耗少，就能够超越竞争对手。浪费是重化工业普遍存在的弊病，东方希望“降本增效”的重要途径就是抓细节、抓基础，从每一个员工、每一个岗位抓起，深入挖潜、精耕细作，把先前没有发现的能量浪费挖出来。同样的工厂，别人总投资 200 多亿元，刘永行领导的东方希望总投资只需要 43 亿元；别人的固定资产有 180 亿元，东方希望只有 40 多亿元；别人占地 1.4

万亩、1.5 万亩，东方希望工厂占地仅 1300 亩。东方希望有自己的建筑队，用工成本低许多。建设一座 62 万千瓦的热电厂，国内标准投资为 24 亿～ 30 亿元，东方希望只需 12 亿～ 13 亿元就可以建完，比其他企业便宜一半。德国巴斯夫公司生产 1 万吨赖氨酸需要投入 6 亿元人民币，日本公司在成都建立一个万吨赖氨酸工厂也需要投入 2 亿～6 亿元人民币，东方希望则大约只需投入不到 1 亿元。按照刘永行的要求，有一家工厂设计产能是年产 105 万吨，但实际做到了年产 270 万吨。2012 年左右，东方希望的很多工厂都是国家重点追踪企业，财政部、环保部联合对东方希望进行人员审计。审计结果是同等规模的氧化铝工厂，东方希望的能耗是其他公司能耗的一半，一年只用标准煤 18 万吨。2013 年，河南审计局重新带人来专门审计，认定东方希望只用标准煤 19.3 万吨，因此给予企业 5000 多万元的奖励，这也是当时河南省最高的企业奖励。2015 年 9 月，东方希望在山西建设年产 100 万吨氧化铝的生产线，9 月 1 日动工，2016 年 4 月 1 日正式投产，第二期也是 7 个月就投产，总共投资只花了 20 多亿元，占地是人家的 1/10。

东方希望在项目建设中采用高标准，周期比别人短，而且很快就可投入生产。东方希望建一个几十亿元的工厂只需要一年时间，国外企业通常要建三到五年，世界 500 强的企业也需要花费三年的时间。总体上，东方希望的建设时间和投入都只有其他企业的 1/3，但企业资产质量非常高。当竞争同行还在建设初期时，东方希望已经全部建设完毕，赢得了两年的折旧费和盈利期。2014 年，新铝管理片区基地的劳动效率年人均产量为 520 吨，美国企业同行人均产能为 250 吨 / 年。来新铝管理片区考察的美国企业高层感叹，美国纽约公司将要全面退出氧化铝、电解铝行业这个决定是正确的。当然，美国企业的强项是铝的深加工，但东方希望在电解铝行业的人均产能超出美国企业一倍还要多，其关键是采用了最高的标准。晋中铝业采用了当时全世界最优秀的设计理念，创造了按时投产、快速达产、及时产生效益等一系列奇迹。新疆“六谷丰登”设计之初遵照的原则就是，单位占地全球最少、电耗全球最低、用人最省、建设周期同行业最短、投资浪费最小，并实现了烟气污染物超低排放和耗水零排放。东方希望的新铝管理片区项目实现了“当年建设，当年投产”。2011 年 2 月 20 日，园区选址确定，4 月 16 日拿到第一张园区设计图纸，4 月 20 日浇筑第一方混凝土，12 月 15 日项目具备生产条件，2012 年 1 月 19 日，产出第一包铝水。另外，东方希望强调铝的自然生产不以增加成本为代价，重点加强工艺管理和生产管理，不去刻意追求使用最好的氧化铝和碳块，吃粗粮、产精品，达到少消耗、多产出的降本增效目的，减少了对大自然的索取。

除了想方设法提高人均生产效率，循环产业链是东方希望的又一大法宝。包头希铝公司得以生存的条件不仅是高效率那么简单，还在于在建厂之初，刘永行的循环铝电一体化模式就已经把电厂考虑在内。该项目在建设的同时规划配套电厂建设，铝电产业跟饲料业紧密相连，合理延伸，做到成本极低。电解铝在生产过程中消耗大量电能，电费占电解铝的成本高达 40%。电力的市场价格一般在每度 0.3 元以上，东方希望通过建坑口电厂，可以把成本控制在 0.1 元以内。每生产一吨赖氨酸要消耗 21 吨蒸汽和 2400 度电，蒸汽的市场价格为每吨近百元，而东方希望的生产成本每吨只需 10 元，因为蒸汽是火力发电的副产品。10 多年来，东方希望的循环产业链逐步完善，上游的废弃物成为下游的原料。刘永行在建立配套火力发电厂、投资氧化铝项目、选址适用于火力发电的低硫煤炭资源，或者接近玉米主产区布局赖氨酸与铝电复合产业链等诸多努力，都是为了大大降低生产成本，培育核心竞争力。2003 年，包头年产 88 万吨电解铝厂的三个车间有配套的发电厂，煤炭发电之后的粉煤灰全部被加工成粉煤灰砖及水泥，其中粉煤灰砖供应了 80% 的包头市场，用市场经济的手段将砖的价格从 0.4 元多降低到 0.2 元多，挤走了占用农田资源的泥砖。

目前，东方希望的降本增效已经从“挖金矿”深入到了基层“啃骨头”阶段，一方面，企业内部持续开展生产指标的优化，做到精细操作。以三门峡氧化铝厂为例，溶出车间的排空乏汽用于加热蒸发车间母液，排空乏汽代替了部分新蒸汽，回收利用热能和水，实现零排放，可为公司节约一大笔开销。原料车间改进磨机以降低磨矿成本；物料输送利用自然高差，能用自压就坚决不用泵；焙烧车间用斗式替代风力，把氧化铝往成品仓提升，减少风量处理量，降低收尘功率。在晋中铝业，刘永行要求三线建设设备充分挖掘一、二线设备的潜能，不考虑备用；研讨在山区修路、开洞、安装输送皮带都不可行时，提出了把磨机建到矿区，把矿石磨制成矿浆用管道输送回来的解决方案。刘永行认为，工作配电室安装顶棚时应在支架的上面做一层彩钢，并相应建立关于配电室顶棚的制作标准。他还要求计算全厂水平衡，全面理清水消耗在哪里、消耗规模问题，以便制定针对性降耗措施。在东方希望，凡是新建厂房之间的道路都需提前预埋合适的涵管，避免后期要穿路安装时再次破路，分解车间则严格做好车间的“跑冒滴漏”治理。

另一方面，东方希望调整加工产品细节，对现有生产工艺、设备运行、产能情况进行摸底，对于现有部分产能较大且不能满负荷生产的设备，以及与部分产能过小有瓶颈的设备进行填平补齐，将产能发挥到极致。从 2015 年年底开始，东方希望把加工生产铝锭的传统铝深加工业务全部调整为生产线杆、铝棒、铝板等半成品，半成品经过拉伸、切割，就可以直接变成铝制品。这样一来，每吨能节省重新融化造成的铸损、电耗成本共130元，每吨产品售价还可以提高200元，产品细节上的差异可以增加每吨300多元的经济效益。

·养成注重企业本质安全的习惯

安全生产是企业长治久安的基础，安全是一种文化，是生产的重中之重。企业安全意识可以分为三个阶段，即“有意识”地避免安全事故，“潜意识”地避免安全事故，“无意识”地避免安全事故。刘永行认为，“无意识”的安全文化才是本质安全文化，要让注重安全成为一种自然习惯，在不经意的细节中体现出来。东方希望杜绝形式安全，坚守本质安全，认定只有确保每一位员工安全工作，企业的发展才有意义和有价值。企业安全生产要长久、可持续，就要综合治理，常抓不懈。

为了生命安全、家庭幸福和企业发展，管理者和员工要对安全隐患“零容忍”，牢固树立“我要安全，我们要安全”的意识。“海因里希法则”揭示了安全隐患和安全事故的必然规律，在安全方面“差不多”的思想危害极大，在安全问题上，没有99%的合格率，只有“安全”或“不安全”。因此，发现隐患就要进行逐一剖析，把可能导致的最坏后果分析到位，牢记“底线意识”和“红线意识”，举一反三，将所有的隐患整改到位。管理者一定要牢固树立规范意识和安全意识，以身作则、率先垂范，帮助员工养成遵章守纪、安全工作的良好职业素养。企业以严于国家安全环保标准来要求自己，打破标准，创造新的标准，在做好环保的同时创造相对优势。东方希望善于用集团标准循环管理法宝发现设备运行中存在的异常点，并及时排查设备隐患，宁可牺牲工作效率，也要保障员工的安全。通过反复的培训、演练，东方希望将安全意识融入每个员工的潜意识，养成了及时发现隐患并排查的良好习惯。东方希望通常在春节前组织所有管理人员对全厂进行大规模安全检查，检查共分为几个小组，每组成员分别对厂区、各车间进行地毯式排查，将所有的安全隐患进行拍照、记录、整理，然后点对点反馈至属地车间负责人并要求限期整改。东方希望对员工安全意识的培训往往通过观看案例视频或者生产现场实训来进行，如乌海化工针对案例事故进行分析与整理，对事故原因追根溯源，并对公司正在使用的燃气管道、阀门、气柜等设施反复进行安全检查，从系统上清理危险源。东方希望同步梳理操作规程，明确必须使用煤气管道专属阀门，加强对煤气输送和利用的日常管控；各车间还组织对煤气运输的方式、方法进行培训，为每一个阀门及管控的位置添加操作标准，让每一位员工熟知正确使用煤气的方法及紧急情况下如何有序进行应急处置与疏散。

东方希望始终把安全环保工作放在首位。多晶硅属于危化行业，针对其还原车间的电动葫芦运行安全保障问题，刘永行与大家一起讨论改善方案，在电动葫芦上设置限位，当电动葫芦吊装物靠近还原炉时就自动停止，避免发生挤伤或碰撞事故。三门峡公司新建主控室的桌子全部使用木质材料制作并进行钝角处理，以提高操作人员的安全系数。热电部在供电宽松期，加大技改力度，确保机组能满负荷甚至超负荷运行，从而降低运营成本。包头希铝公司的碳素部生产现场摘掉碳素行业脏、乱、差的帽子，清洁文明生产，实现让员工“不戴口罩、脸不花、手不黑”地工作。新铝管理片区的热电部密切关注输电线路的运行状态，定期进行机组满负荷拉练实验。为避免因冷却塔蒸汽逸出，致使周围电抗器在冬季出现结冰现象，刘永行提出在电抗器周围建立阻挡隔板，避免电抗器因结冰从而引发机组的跳停事故，保障电网运行安全。

三门峡铝业公司为保证公司干堆赤泥库赤泥堆存安全有序，严格依照《干堆赤泥库建设项目初步设计》和《干堆赤泥库建设项目初步设计安全专篇》进行库区运行维护与管理。首先，库区进行运输堆筑的标准程序是赤泥经压滤机压榨后，用皮带及汽车运输到库区内进行堆存、晾晒、压路机碾压，然后再分台阶堆存。进行排放赤泥作业时，有专人指挥，非作业人员及外来施工人员一律不得进入排尾作业区。其次，库区排水的操作规范是，库区内赤泥经过晾晒，碾压前对赤泥滩面推平，形成坡向溢洪道方向的坡度。在库区左侧修建临时溢洪道，保证雨水、积雪融水进入溢洪道，使其有效排出库区。库区警戒的标准则是，在库区周围显眼位置树立“库区危险”等警示牌，对进入库区的道路进行封闭，并建立全天视频监控，加强库区及人工巡检，以防止无关人员进入库区。库区应急管理方案则包括公司加强做好沙袋、水泵、水管等应急物资的准备，加强对赤泥库作业人员的安全培训，定期对赤泥库应急预案进行演练，提高应对暴雪、连续暴雨等自然灾害的应急处理能力。

·环保目标“倒逼”技术改进

环保是企业长久发展的基础。针对氧化铝厂区易产生扬尘的区域，东方希望投资7000余万元建设封闭式煤棚、矿石均化堆场的防风抑尘大棚，有效控制了生产工艺性粉尘的产生和排放，同时对矿石堆场投资2000多万元建设挡风抑尘墙及配备喷淋设施，有效消除了矿石堆场物料装卸时的粉尘排放。东方希望在厂区内外投资500余万元配置了四台洒水车、两台吸尘车和全新型自动洗车装置，对进场物流车辆扬尘进行全程管控，实现了集团提出的厂内环境要做到“脸不沾灰、脚不沾泥”的管理目标。包头希铝公司在阳极导杆、阴极技术改进、电解槽底保温、低电解槽电压、低电解温度、高电流效率、低吨铝电耗等方面做出了大量尝试，使电解槽均电压在 3.8 伏左右，甚至最低达到 3.71 伏。这表明通过科学提高指标，电解铝能够从高耗能产品转化成绿色高节能产品，符合低碳经济发展要求。九原化工逐步用电石尾气代替烘干原料，充分利用了除尘灰、净化灰焚烧，有效解决了环保问题。

东方希望三门峡铝业公司加强对环保设施的投入和优化，加强无组织排放管理，努力实现减排或不排承诺。东方希望三门峡铝业公司在电石车间引入旋风除尘器设备，有效解决环保问题且避免布袋烧损，将尾气变废为宝用于发电。尾气发电设备平稳运行，最大限度地利用能量，同时监测发电设备运行的实时数据，促进了企业“安、稳、长、满、优”运行。专业设计院按照普通企业的做法，估算东方希望三门峡铝业公司进行污水处理需要投资 8 亿元。但是东方希望三门峡铝业公司的员工只有同规模企业的 1/10，人均用水标准也是别的企业的 1/10，污水处理成本大约为 800 万元。厂区所有的污水和雨水还被收集起来，全部用于洗赤泥，循环利用，基本达到了零排放，节水 70%~80%。

·渗透进员工工作和生活的精细

刘永行非常注重细节。由于常年在各个工厂调研，他对生产中甚至是员工生活中的每一个数据都了如指掌。这份精细已经渗透到东方希望的每一项工作和日常生活中。在这里，我们通过几个故事来感受东方希望是如何进行精细化管理的。

第一个故事是标准制定和监督执行中的“理发师的故事”。东方希望的目标是让每一个员工都成为像理发师一样认真的人，这样集团事业才能持续，员工才能提高业务技能和水平。刘永行对其中的逻辑娓娓道来，不蔓不枝：每一位理发师理发时都非常认真，不仅会事先询问顾客对发型的偏好，在修剪过程中也会询问顾客感受。只要理发师希望顾客再次光顾，他就一定会始终如一地认真修剪每一根头发。刘永行认为，理发师之所以能够做到这个程度，是因为顾客前面的镜子，顾客通过镜子能够随时观察到理发师的动作及每个修剪动作产生的结果。这面镜子对于企业员工来说，就是现场监督，就是第一时间反馈，就是第一时间纠偏。于是企业领导管理的首要任务就是制定标准，要研究制定什么样的标准、如何制定标准，以及如何坚定地不折不扣地执行标准。在执行过程中，企业必须像军队一样有严明的纪律，对员工的随意性行为一定要惩戒。比如，召开专题会议对某一种随意性行为进行教育培训，让全体员工都清楚应该怎么做、不应该做什么，发挥管理过程中对每一个出现的问题进行管理改进的作用。

第二个故事是有关修建输煤廊道和配电房的故事。东方希望的新铝管理片区早期 1 吨煤炭的运输费用为 15 元，以 1 辆车每天运输 100 吨左右计算，企业每天需要 300 辆车。采用车辆运煤存在成本、环保、安全等方面的问题，管理成本也非常高。2011 年企业开始构想建设输煤长廊，在协调好跨公路、高压线、铁路的工作后，最后选址在地势开阔、离水库距离仅为 6 千米的南部进行建设。工程于同年 4 月开建，10 月完工，投资建设成本为两亿元。廊道建成后，每吨煤耗电量为两度，成本仅为 0.2 元，当年就回收了成本。廊道也不会产生粉尘，形成好的环境，这样更容易留住人才。

东方希望配电房的修建，最初的面积从 10 多平方米到 30 多平方米不等，需要专人把守，一般是配备两到三个员工轮班。后来，刘永行要求新工厂一定要上箱式变压器，实际上就是一个箱子，变压器、高压柜、低压柜都放里面，无须人值守，而且规划配电房到主车间的距离最近，这样效率就很高。

第三个故事与员工的衣食住行有关。东方希望配套建设了收费的员工食堂，提供收费的厂区通勤班车，员工宿舍免费，但是限制每个月的水电使用。东方希望在食堂工作流程、厕所修建、浴室修造、员工卫生和财产保护等方面都有严格的标准程序和规定，也就有了在内部广为流传且起到示范效应的工厂食堂的故事。

东方希望新铝管理片区的食堂是在两栋楼之间盖起来的，这样可以省下来四面墙，食堂通风也非常好，员工吃饭也不觉得压抑。在食堂内，洗碗的方法被分成 10 个步骤以展板的形式贴在洗碗池旁，刘永行要求在全集团内部进行推广。工厂食堂的洗碗槽基本都是一排水龙头，员工洗碗是哗哗地冲，即使以洗 30 秒计算，多则用掉七八千毫升水，少则也要用掉五六千毫升水。实际上多少水量合适？刘永行曾经用水杯测量了在飞机上洗手所需的水量，摁四下 240 毫升足够。他认为水龙头出水满足需要即可，绝不能浪费。

对标行业先进标准

西方现代管理思想来源于美国福特汽车大规模生产线，日本丰田公司学习这套方法后进行了集成创新，形成了精益生产的理念。刘永行认为，中国的精益思想早于两千多年前就已经萌芽。秦朝商鞅变法就是标准化尝试，实现了书同文、车同轨，这是最简单的标准化。那时候制度不完善，分配农具时都有明确的衡量标准，女性 1.4 米、男性 1.5 米。只有标准的东西才能复制，中国企业实施标准化管理是顺势而为、自然而然的事情。在东方希望，标准管理是集团管理的法宝，企业已经制成了集团标准循环表，用于工作汇报和数据分析。管理者先引进同行业最先进的标准，然后固化标准，再进化标准，并内化成自己的标准。标准化包含工作标准、考核标准两层含义，两个标准结合使用，都能“看得见、摸得着、算得清、做得到”。企业各项实际生产指标都与这些行业先进标准对标，根据标准计算差距，采取正确措施，及时落实到位。

· 人机生产的世界竞争标准

在中国特色制造业的发展中，既有国际上的高标准，又有中国的低成本、高效率的特色。不同于美国的大规模生产和日本的精益生产方式，东方希望采用的是一种模块化的可组装式生产，每一个环节都可以分解，所有的流程与电脑、手机智能终端联结起来，可以用最低成本的生产要素进行替代。这种新型的“人机生产”方式增强了企业的透明度和标准化程度，有标准、有示范，工作不易走样，可以有效防止舞弊，提高劳动生产效率，为企业带来高度竞争力。在民营企业进入的重化工行业，必须建立起与之相媲美的世界竞争标准。刘永行要求他的企业始终将团体标准、联盟标准制定得高于国家标准，并致力于与软件供应商进行长期合作。在理念、能力、服务和及时性等方面，挑选符合企业需要的供应商时，具体经办人不停地反馈问题和提出“苛刻”要求，要求供应商能够及时帮助解决问题，持续不断地改进和提高。

东方希望重化工业项目一条生产线的机器设备甚至绵延几千米，管理上除了日常操作，还有许多巡检，项目初期都是管理者凭借工作经验对生产状况做出判断和发出操作指令，很多岗位的生产效率不到20%。企业后来充分利用信息化技术，根据经验和知识不断提炼数据，减少变量操作，使经验和知识变得更科学，从而建立标准，人机联动，让企业逐步实现了精准化管理。

以水泥厂为例，东方希望正在开发一个巡检流程，水泥厂有几万个巡检点，公司规定一个小时要检查10个点，每个小时都要去查看一次。配套这个流程，东方希望正在开发相应的考核技术，以充分利用智能移动终端。员工开始巡检，一按装有信息卡的智能手机，手机就会显示或提示某某先生欢迎你今天开始上班，你今天一个小时内要巡检10个点，每一个点有一个点击按钮，到了这个点，温度、振动、噪音都需要填到表格上，相关检查结束要录入数据。员工一按键手机就会自动告诉你，某某先生今天完成了第一个小时的工作，花的时间是3分25秒，已经建立一个功，下一个点是哪个点，你将沿着哪条路去。到了第二个点，手机会显示欢迎你到第二个建功点。这个点上你要处理的几件事情都会自动跳出清单，通过电子信息技术把日常工作与智能手机连接起来。如果正常完成了，手机就会祝贺你又建了两个功，就这样一直巡检下去，自动地把工作标准和考核标准有机结合起来。采用标准化管理和人机联动生产后，管人的事少了，也不再需要整天与人无休止地扯皮纠缠。

中国企业要建立起行业的全球竞争标准，还需要在指标考核上与国际接轨，如水泥行业竞争日趋白热化，节能减排是主要竞争手段。在节能方面，我国平均每吨熟料的能耗排在全球第三，落后于印度和巴西，其中水泥能耗排在第四。但在减排方面，我国目前已经推行万元GDP的二氧化碳吨数、碳排放总量“双控”

指标，碳排放强度和总量双管齐下，为中国企业参与全球竞争争取了主动权。

·靠循环管理优化标准

管理就是要提高效率。人都有随意性，要跟这个弱点做斗争，工作就一定要有标准，有岗位就要有标准。企业要研究工作流程，建立标准，工作标准化就是把它分解到每一个细节上，杜绝使用程度副词。

在东方希望，工作标准一定是管理者建立，员工执行。管理者就是标准的制定者，包括行业标准的内化、公司标准的可操作化。管理者每个月都要有一个固定的时间用于做规划，看看接下来要做些什么。如果不能制定标准就需要去学习，请专家一起帮忙制定，然后再培训员工。管理者还需要处理事情，如果问题来了，员工无法处理时他要立即负责。员工就是标准的执行者，当然，他们并非机械地执行。虽然标准是管理者制定的，但允许员工研究标准、鼓励员工创造新的标准，一旦有所创造，这个员工就可以成为培养对象。

企业的经济性是自然而然实现的，是在细节中体现出来的。东方希望要求各个公司、各个部门都要有强烈的标准意识，坚守诚信、正气、正义的底线，持续运用集团的标准循环管理法宝，所有管理都落实到标准管理、标准循环上。企业根据标准测量现状、计算差距，追溯根源并采取正确的改进措施。如情况发生变化，不能到此为止，一定要循环优化改进，细节化地整改，这样标准就有了意义。东方希望的电厂一年要消耗几千万吨煤，环保必须用最高的标准，天天监测 $PM_{2.5}$，所有电厂的排放标准都要达到天然气排放指标。而且，企业的劳动生产率超过欧美的标准才有未来。

东方希望在实施标准循环管理、降本增效过程中，大项目由公司抓，小项目由班组抓，全员参与，共同努力。标准循环管理覆盖安全环保、对标增效、达产达标、标准化检查、设备与工程等各个方面。以水泥生产现场为例，其标准循环管理运行表现在以下几个方面：第一，研究提高矿石输送效率、持续增大喂料量的方法，不断提高破碎机破碎效率，尽可能达到破碎机设计产能。第二，实现矿石无废料，高镁石灰石用作骨料生产，低镁石灰石用作水泥生产，在不影响产品质量的前提下，合理搭配使用夹层页岩。第三，提前规划，扩大矿区储量，建立排土场。第四，加装骨料溜筒传感器，确保溜筒自动升降，减少冒灰。通过在宏观“顺势”“明道”的基础上“习术”，持续优化小数据，实现精准化管理。东方希望做到自然而然，不争为先，甘于后进，“集众家所长于我身”，最后反而先进。

东方希望标准循环管理收效显著，2017 年各项小数据全面达标，全年对标增效突破 9 亿元。包头希铝公司的电石部电石尾气发电项目每月增效显著，将尾气副产废物变成资源，形成竞争优势。企业的铝电解槽节能钢爪和阻流块节能技改项目年节电量达到 5732.61 万千瓦时，年节约标煤两万吨，年减少二氧化碳气体排放量 6.84 万吨。东方希望各部门不断对标学习，向优秀企业看齐，用自动化、智能化系统代替人工操作，在现场管理、对标增效等方面持续改善，不断提高经营效率。新铝管理片区达成了碳素清洁文明生产，原因就在于刘永行就碳素阳极部中频炉烟气回收利用提出新要求。电解铝事业部尝试电解槽看板色带管理方式，要求后续一定要建立监控系统色带管理制度，不同的色带对应不同的管理权限，发生紧急情况时能够简单、醒目地明确责任人。新铝管理片区的氧化铝成品生产对标进口标准，集团重化工贸易部的内外销都要实行价格差定价。对于工业硅，刘永行与管理人员讨论不同硅石对工业硅生产的影响，要求不断研究工艺流程，完善操作规章制度，快速引进并固化工业硅行业的先进标准，持续循环改进生产工艺，努力增产达标。

·工厂选址标准

东方希望的大多数工厂开设在能源、资源、土地等自然资源更丰富的东南亚国家和国内西部地区，这些国家和国内省市适合发展高载能产品。在刘永行看来，资源高度依赖型的工厂选址必须找到一个在自然资源禀赋丰裕度与产品市场距离、技能总量和种类之间的平衡点，未雨绸缪，“软件”和“硬件”建设必须紧密结合。最初中国制造业的优势仅仅在于成本，目前已经由成本、速度和灵活性逐步转向一个区域内技能的总量、种类和品质。东方希望的一个优势是围绕它的工厂形成了不同类型的产业集群。

·在生产管理中绩效考核必须结合过程标准

东方希望在深入进行降本增效的同时，特别强调建立生产管理考核标准，一层层分解下去，逐步推开。企业的考核标准一定要下沉到基层，确保基层考核“看得见、摸得着、算得清”。在东方希望内部，企业管理者会为员工设定具体的、可衡量的绩效标准，并与员工合作，让他们知道应该做什么及如何去做，以帮助员工按照绩效标准开展工作。在东方希望的绩效考核中，利润指标只是一部分，同时还要对安全、环保、质量、劳动效率等同步考核，重化工业必须进行技术和节能减排指标的按月跟踪检查，并与绩效工资挂钩。管理者协调个体和群体的绩效标准层级，并行使用正向和负向反馈回路，并且建立一套监测员工绩效水平的系统，监视和跟踪员工执行的每项重要任务的具体绩效水平，以便向着期望的绩效标准塑造员工。企业有了正确的观念，再将正确的措施及时落实到位，自然就领先了。

东方希望实施绩效考核是落实正确管理措施的一种方式，强调对于考核要辩证地看待过程导向和结果导向。东方希望的绩效考核中不过分考核结果性指标，不以成败论英雄，重视过程指标，提倡通过小数据达成结果性指标，做到行业最优。刘永行认为，在项目建设中一定要做好工程细节管理及生产准备的过程管理标准，做好安全保障工作。安全是在不经意的细节中体现出来的，但是不能靠本能经验来保障，一定要细化标准。管理过程中借用色带管理，不同的颜色代表不同的安全等级。安全等级可以划分为赤、橙、黄、绿四个等级，绿色代表正常运行，黄色代表细微故障，橙色代表较大故障，红色代表重大故障。颜色显示预警信号以便让相关人员及时知道并处理，将隐患排除在萌芽阶段。绿色管理就是制定安全范围标准，过程管理则是让员工落实到细节，严格执行到位。员工要能够做到将黄色调整为绿色，不断强化过程管理，做好安全保障工作。

刘永行认为，企业管理不能简化为结果导向，重点在于做好过程导向、过程管理，将个人的知识、技能升华为团队的能力，不断对标学习，赶超行业先进，做到极致。对生产环节周期长、流程长、范围广、人员多的要采取过程考核，而对生产流程简单、周期短、见效快的实行结果考核。做好绩效考核，精准管理，让企业的管理者和员工始终保持良好的工作状态。

第六章

日出东方：希望永行

《基业长青》中说："最持久、最成功的公司的基本特质是它们保存一种核心理念，同时刺激进步，积极改变除了核心理念以外的任何东西。"刘永行及其领导的东方希望能够从因应环境的经营谋略中分离出亘古不变的核心价值观和经久不衰的经营哲学——道法自然、顺势却不随流、明道而非常路应该永恒不变，而"习术"要善修正，管理细节精益求精、持续改善需要应时而变。如此，刘永行和企业在面对其他任何事物时，在面临机会或者挑战时，方能不断进步，推进变革。道法自然理念的形成并非来自对外部环境的观察，"土地资源是神圣的、最低限度地向大自然索取""我们都是英雄的后代，把企业培育成优秀企业"都是来自"内心的呼唤"和审视。他围绕核心理念创造出强有力的"在其中、随其后、随之而来"的奉献文化和"既好，又快，还要消除一切形式的浪费"的实现机制，并把它们融入了企业的经营管理中。公司去寻找、吸引并留住接受东方希望核心价值观和文化的人，并让不能接受公司基础管理价值理念的人另谋高就。

企业在阐明核心理念后，企业家还要决定用什么促进进步，也就是塑造何种未来前景。塑造未来前景是一个创造过程，是企业的顶层设计，彰显企业家的格局。通向未来的路很难"分析"，需要企业家高屋建瓴，综合考虑公司现有的能力、当前环境的发展趋势、产业发展动力、状况以外的因素，来描绘公司未来 20 年甚至 30 年的蓝图。刘永行谋划构建重化工业与农业"双千亿"循环生态产业，跨界实践循环经济，“六谷丰登”是未来可期的最经济的、最高效的循环经济原型，如图1所示。体量庞大的国有企业或者实力雄厚的其他民营企业，甚至是外资企业都很少尝试这样的模式。国有企业发展采取的典型模式是专业化，优势在于做得精深，把每个产品研究得很透彻，但是不能做产业集群，无法享受集聚效应。国有企业即使能够与其他配套企业形成集群，也会因为各自经济水平、利益诉求存在差异，不完全耦合，而难以产生集聚效应。外资企业更强调专业分工合作，一个企业要形成矿业、电业、铝业、化工、硅业、生物的多产业结合，需要庞杂多维的知识和能力。但是，能够同时做如此多产业的企业不多。多重循环产业链一定要在自然资源丰富的沙漠或蛮荒地带做，因为大自然的资源禀赋配置在那里。有些企业具备这个实力，但在城市中做这类大工业不经济，也不合理。在有这个认知之后，还要有强烈的意愿去做，愿意冒风险，更大的挑战则是能够说服员工到沙漠里面去开天辟地，让他们看见未来和希望。

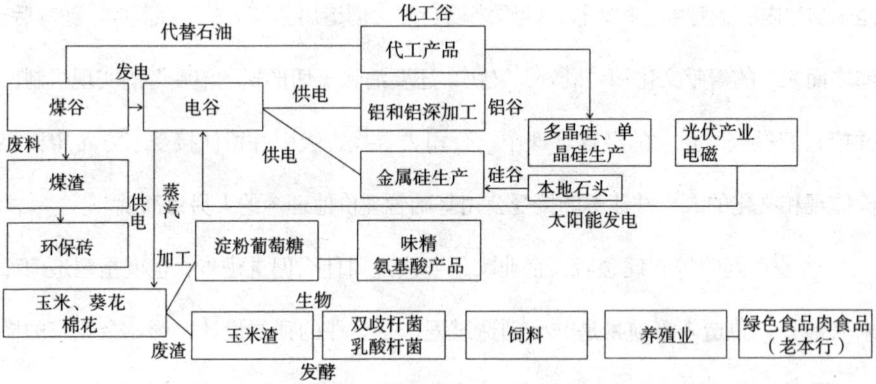

图1　东方希望“六谷丰登”产业生态循环模式

与外资、国有和其他民营企业相比，东方希望之所以能做成农业、工业生产资料循环产业互联网，原因不在于体制，不在于过去的业绩辉煌与否，而在于企业家的观念是怎样的、经营企业的思想和方法是否正确，以及企业家是否有敢做敢当的责任心。作为重化工业的掌舵人，刘永行毕其全部精力倡导并贯彻的是：一方面，工作时要高度投入，处处、事事认真分析，就能发现问题，找到关键点解决问题，并找到最合理的管理办法；另一方面，管理者对工作要产生高度的热情，而不仅仅是为了完成任务，需要把责任心落实到行动上，内化成自己的行为，不断改变，持续精进。

东方希望的业务布局一直坚守打通上下游产业链和以产品为核心的跨界经营原则。企业的两个业务方向之一是石油化工、煤化工、水泥、氯碱化工、生物化工的跨界经营。另一个则是扩大饲料业，做上游，打通上游渠道，做具有高附加值的原材料，如赖氨酸；去做技术难度更高、门槛更高、投资更大、技术安全要求高的上游产品，如蛋氨酸。蛋氨酸即甲硫氨酸，它是人体必需的氨基酸之一，不能靠自身在体内生成，必须从外部获得，目前大多都靠进口。蛋氨酸是石油化工行业衍生出来的产品，后来变成了饲料业的上游。2018 年中美贸易摩擦极大地刺激了中国各行各业的企业对供应链安全问题的重视。重化工行业和农产品由于存在资源集中、价格变化具有周期性的特点，其供应链的控制权可以决定企业的生死，甚至关系到一个地区或国家的经济走势，尤其在大宗商品价格日益表现出明显的金融化特征的背景下。东方希望走出了一条以专业化产品为中心的循环产业链发展路线，可以起到自主控制部分上游资源产能、保护下游制造部门的作用，从而突破了传统制造业发展的困境。

企业领袖“和光同尘”，以身示范

刘永行具备中国第一代企业家的典型气质，生活简单，真抓实干，洞明世事却圭角不露。有些人总习惯拿他和刘永好做比较，他们都是根据自己的性格特长挑选发展方向。刘永好大举布局地产业和金融业，善于腾挪辗转、整合资源，是社会活动家型的企业家；刘永行一头扎进重化工业的“红海”，擅长做“笨事”、做实业。但两兄弟殊途同归，都实现了自己的商业理想。

刘永行是一个特别简单的人，他对专心做企业有着一种特殊的“着迷”，也有着敏锐的产业洞见力。当国家提供自我改变的机会时，他能在第一时间就牢牢抓住，从“饲料大王”向“铝业大王”成功转型，如愿在新疆五彩湾实践了他的生态循环产业互联蓝图。他是坚定的实践主义者，乐于从企业实战中汲取营养，几十年心无旁骛地实干，磨炼“内功”，养成了适应非正常条件的能力。他经营企业的语言体系十分简明但又直抵本质，例如，创新就是死死抓住“能量和物质”，投资设厂要“建立相对优势”，建项目要讲究“好、快、消灭浪费”“国家是宏观，企业是微观，微观应该服从宏观”“国家是战略，企业是战术，战术应该服从战略”等。他做事业强调“自然而然，不争为先，甘然后进”，没有任何“未来要发展到多大规模”的豪言壮语，也从不提要把企业做成世界 500 强。一是为了防止企业因为“争”会做出不该做的事情，做了不该做的事情一定会出现危机，争的结果有可能是作假，部分企业为了上市而上市，专注于市值管理去争或做假，严重损害自己和投资人的利益。二是片面强调规模第一，可能会树敌过多，“不争”是免得招来不必要的麻烦和竞争对手的窥视。企业只要把正确的事情做到位、做好自然就领先了。重化工行业比较敏感，他行事低调，不去刺激对手。自 2004 年宏观调控风暴之后，刘永行变得极度低调，几乎绝迹于公开场合。当时陷落的大型民营企业项目，很多被国有企业和跨国公司所猎获。后来，包头希铝工程的开工仪式也非常简单，除了与其私交甚好的《南风窗》的记者外，没有其他媒体被邀请到场。

刘永行总是兢兢业业地做事，不投机，不作秀。他做人做事上的严谨持重、温和谦恭一直被业界津津乐道。在国际上，他也被视为中国民营企业家的典范。在一次论坛上，泰国正大集团总裁谢国民发言说：“我最钦佩的中国企业家有两个，一个是王石，另一个刘是刘永行。”据媒体报道，谢国民此言一出，坐在不远处的刘永行连忙称“谢谢”。《第一财经》的一位记者曾描述，他联系刘永行时，刘永行表示“讲话不方便，10 分钟后回电话”，10 分钟后，他的电话果然如期而至。刘永行信守承诺、严于律己，非常注重对下属、家人潜移默化的影响。他坐飞机经济舱连续坚持了 30 多年，这样勤俭节约也是以身示范，无形地传递给他的儿子、他的总裁，不要去腐化，不要去浪费，不要去追求奢华。这些省下来的钱可以捐助给东方希望内部员工和帮助有困难的人。不过，为了换取时间效率，他从不会节约，时间是最重要的，虽然每次临时赶到飞机场都是高价票，但是可以节省时间。他倡导终生学习，认为不断学习是每一个创业者都必须终生坚持的习惯。

2016 年，我们访谈东方希望新铝管理片区曹勇、唐毓新两位总经理时，请他们就刘董事长在企业中的影响力、推动力、创新力进行排序。两人都把影响力排在第一。他们如是说，董事长对整个团队中每位员工的影响很大，他每个月都来一次新铝管理片区，平时与我们沟通很频繁，我们遇到工作上的任何难题、困惑的时候，不需要通过秘书或者约定固定时间，可以随时给他打电话。董事长善于培养人，能提供我们需要的平台，在这个平台上能够帮助我们成功。在戈壁滩做事业没有人相信，很多空降到企业的人才最初适应不了戈壁滩的环境，他会手把手地教，师傅带徒弟式慢慢感化，给员工带来很强的荣誉感。刘永行的这种精神也带动现在东方希望人对开拓新的业务领域深信不疑。

慈善之光：社会责任感

中国的企业家不仅需要有眼光、胆识、洞察力和组织能力，社会责任感也应该是他们的素质之一。刘永行认为，作为企业家，能够为社会做点什么事情是最重要的。首先要保障员工的生活和幸福，同时必须为社会、为世人承担责任和义务，讲究“散财有道”，要思善、行善。

在刚创业不久的1986年，刘氏兄弟发动全县人民养鹌鹑，结果市场迅速扩大，大家纷纷去做鹌鹑育种，发展马上要失控。这个时候他们本可以趁机赚很多的钱，但是出于强烈的社会责任感，写了一张《告全县人民书》交给县委，张贴出来普及盲目发展带来的严重社会问题。1994年，东方希望与另外9家民营企业一起，发起旨在扶贫的“光彩事业”倡议。分家后，刘永行也从未停止过这一行动，截至2016年年底，东方希望累计参与的光彩事业项目达14个，投资金额超600亿元。东方希望的诸多产业大多建在经济水平相对较差、欠发达的乡镇，充当当地经济发展的催化剂。东方希望弘扬“扶危济困”精神，积极参与公益事业，成立“公益基金会”，参加“珍珠生”计划，设立“东方希望班”，资助贫困的品学兼优学生，建立面对农村和外来务工人员子女的希望小学。在东方希望内部建立了一个极具特色的机构——“爱心办”。其中有个礼品屋用于给员工领奖和拍卖，拍卖的钱放在爱心基金会，帮助有困难的员工。企业要尽到自己的社会责任，一定要创新、创业，以不断降低资源消耗、改善环境质量和为社会和谐做出贡献来获得经济增长，这样的企业代表中国企业发展的新方向，也是中国社会健康成长的希望之光。

国际化：“走出去”的权衡

有些企业家具有敏锐的市场嗅觉，能够早一步洞悉国际市场上显性的收益、商机，并为此不惜冒风险，却忽视了法律、文化和管理效能方面的隐性成本。但是，无论是大型国企，还是民营企业，在走出国门勇于探索时，应该保持敬畏，谋定而后动。企业出海的隐性成本犹如海面下的冰山，中国企业“走出去”为的是拓展市场，取得当地社会资源与政策支持通常是成功的关键。

联合国开发计划署发布的《中国企业海外可持续发展报告 2017》，建议中国企业在“走出去”之前，对投资目的地的社会与环境风险进行分析，研判投资目的地发展的需求与企业自身产品、服务的契合度，与各利益相关方沟通，并逐步实现人才的本地化与国际化。中国企业“走出去”通常的做法是并购，这样布局可能遭遇的最大困境是中外文化的冲突。刘永行把他的饲料业务扩大到越南、新加坡、柬埔寨等东南亚国家，初衷是为了抵消国内市场逐渐饱和带来的竞争压力。他在国外开疆拓土异常谨慎，基本沿袭复制国内的投资模式，先用少量投资试探国外市场。例如，东方希望想去印度尼西亚投资发电厂、煤、铝土矿、氧化铝、电解铝及氯碱化工，刘永行就先在印度尼西亚建设了几个饲料加工厂，进行前期人才培养，了解当地的市场、文化、法律、风俗习惯等，为后续项目投资做准备。他的企业也在筹划把重庆五条水泥生产线当作一个模板，在恰当的时机直接复制到海外。另外，尼日利亚、沙特、东欧等国家和地区的石灰石资源非常丰富，临近海港，交通便捷，市场潜力比较大，都成为他重点考虑的地区。未来东方希望考虑把氧化铝、电解铝项目也“搬出去”，形成一个与水泥产业整合在一起的特大型产业链。

在国际化过程中，东方希望特别关注文化融合、业务衔接和风险控制，以绿地投资为主来充分利用企业资源，形成规模经济，进入国外市场。目前，东方希望的国际化大致分两步或三步：在越南建立了两个饲料加工厂，以此作为实验工厂，摸索海外发展业务的经验；之后可能会在越南建立更多的工厂，或者去柬埔寨、马来西亚、菲律宾等地建工厂。东方希望的国际化通常是先做试点，而且基于文化相通，基本围绕东南亚地区布点。有别于其他出海企业，东方希望在考察投资地时，不仅局限于听取学者们对投资国文化、环境、市场趋势的深入分析，邀请国际问题专家咨询或全程参与，而是一定会通过非官方渠道，找当地生活多年的普通居民，听取居民的体验和感受。东方希望尝试建立当地政府、地方精英与外国资本之间的“三面同盟”，以“贴近市场、依托资源、散点布局、综合考量”

为原则进行全球经营布局。

家族企业的延续

早在 2009 年与经济学家钟朋荣的对话中，刘永行就剖析家族企业作为一种很有效的企业发展方式，既有高效率、对企业高度负责任、决策迅速的优点，也有企业风险抵御能力低、公司规模做大后难以保证最优秀的人才在最高位置上的弱点。家族企业的高效率主要来自没有明确的会计、出纳、厂长、经理等职能分割，企业家的命运和企业连在一起，什么事都是一家人一起来做，一个人可以做几个人的工作。民营企业是所有权和经营权一体化，对投资的责任感更强。家族企业一般而言规模小而不能久存，这是产业界固有的印象。美国企业史学者钱德勒更是认为，让家族成员掌握要津是反效率的，在技术密集或资本密集的产业中尤其如此。但这个论点成立的前提是家族内无法产生技术繁复的管理能力。

民营企业的创始人通常具有卓越的能力、超强的凝聚力和丰富的经验，管理企业采用家长制。在一代创业强人过后，这些企业发展到一定规模，到了第二代，无论是股份制公司还是家族企业都面临接班问题。民营企业接班主要有两种途径：一是选贤，谁专业、谁能干选谁，不过，在中国家族企业集团中职业经理人虽然不断增加，但职业经理人阶层还没有形成，如何实现企业有序传承和可持续发展，被誉为对中国企业家的终极考验。二是选亲，家族中的子女都被教育成专业经理人，大多数中国家族企业子女被送往欧美一流商学院中攻读商学或相关专业学位。在公司组织形式上，刘永行并不反对股份制，甚至认为它是组织社会大生产的良好形式。不过，是否采用股份制还必须根据企业自身的特性、需求来确定。在与热爱服务业、创新、高科技之类的后代沟通中，刘永行提供建议但不干预，他鼓励儿子多去尝试，在可期的范围内去“试错”，在试错过程中体悟一些经营的正确观念。

在发展家族企业的过程中，刘永行能适时调整经营体制和组织架构来应对市场环境，并主导了兄弟间的两次“分家”，在企业经营上取得了巨大成功。第一次是在 1991 年。当时东方希望已经成长为西南地区最大的一家饲料厂，企业走到了一个发展的分岔口，要么进驻全国市场，要么固守西南一隅，或是多业务发展。当年兄弟间就明晰了产权，成都基地（饲料厂）、饲料科研所、食品公司被作为共同财产，“希望”的冠名权、商标共用。刘永行和刘永好选择了按照自己的价值观，把饲料厂办到全国各地。第二次是在 1995 年。当时东方希望已经建立了 26 个分厂，但刘永行感觉市场提供的高速发展机会不会太多了，应该分头布点，抢夺发展最佳时机。于是，刘永行与四弟又重新划分了产权。东方希望所建的饲料工厂数从分家时的 26 家，发展到现在的 130 多家，分家的举动无疑十分明智。

刘永行认为，继任计划是顺其自然，接班人选择的先决条件是能力，而不是是否是家庭成员。家族成员能参与并很好地融入企业的发展，拥有丰富的知识并且经过了实践锤炼，可以接班。否则，就需要借助社会人才。东方希望已经制定职业经理人制度，在制度上没有家族化之分。如果企业最关键的位置上都有最优秀的人才，不需要更多的资金，无须分担风险，家庭制未尝不是一种好的发展方式，世界 500 强中就有很多百年老店是家庭式的。刘永行认为，创业者对东方希望最不可替代的价值是培育了东方希望诚信、正义、正气的企业文化，培养了一大批优秀的人才。企业一旦形成了先进的文化，会有非常强的战斗力。企业经营中可以充分授权，让体系、系统和团队来解决问题。在东方希望，农业技术、饲料技术、配方和产品的开发都授权给了已在公司任职22年之久的部长，公司管理人员都是聘用的职业经理人。东方希望也曾经尝试授予管理人员期权，由于整个集团下属的工厂遍及全国，差异性太大，期权方案设计了多稿都未成功。

在刘永行的经营管理中，做企业不仅是财富的积累，还要帮助团队成长，给消费者带来巨大福利，能保护环境和资源，成为遵纪守法和道德的楷模，成就雇员及合作伙伴，有足够好的企业发展速度和财务回报，成功的经验和理念能毫无保留地与社会分享，并能传递一种精神力量。这是未来企业发展的模样，这样的企业也必定能基业长青。

后　　记

中华人民共和国的发展给了无数企业成长的舞台，民营企业无疑是观察商业文明变迁的最佳窗口，在其中不只是时代趋势对企业家个体造就的机遇与挑战，更重要的是你能看到企业家的思想与选择对企业命运产生的影响。一大批企业家敢为人先、寻求突破的努力，一大批企业的兴起，推动制度改革，释放更大的企业活力，推动中国的硬科技实力走向世界前沿。2021 年，全球主要经济体的制造业总需求修复缓慢，经济的韧性远比市场想象中的脆弱。美国 Markit 制造业采购经理指数（PMI）连月下滑，12 月初值为 57.8，创全年新低。11 月，中国制造业采购经理指数为 50.1，重回临界点以上。欧元区 11 月制造业采购经理指数初值为 58.4，英国、日本 11 月制造业采购经理指数初值分别为 58.2 和 54.2。2021 年年底，新冠肺炎疫情的蔓延可能打乱全球经济复苏的节奏，全球制造业的商业环境依然严峻。

20 世纪 80 年代初，中国成为全球劳动密集型产业和低技术、高消耗产业转移的最大承接地和受益者。日臻完善的基础设施、日益宽松的营商环境、日渐成熟的管理理念，为中国作为全球制造中心保驾护航。但中国制造业劳动力成本优势的逐渐丧失是否会带来全球制造中心的第五次大转移目前虽然不得而知，但全球国家间的贸易摩擦势必使某些制造产业链转移到劳动力成本相对更低的其他国家。国外部分专业机构、经济学家或媒体已经从人力、土地、能源、制度性交易成本等综合成本角度，研判未来制造业将从中国流向印度、马来西亚、越南等成本更为低廉的东南亚、南亚甚至是非洲的地区和国家，或者回流美国和欧洲。这一论断遵循了一个最基础的逻辑，即市场的力量会以尽可能低的生产成本实现资源的优化配置，对贸易进行重新整合。近年来，中国一些劳动密集型产业也的确开始从长江三角洲、珠江三角洲外迁到越南、泰国、马来西亚等国，这些企业比重下降带来的最直接的问题就是就业机会的减少。自 2013 年我国制造业达到 1.48 亿就业规模峰值后出现就业拐点以来，我国制造业就业规模年均下降逾 200 万人。卓贤和黄金两位学者根据“加工贸易出口增加值 / 制造业劳动增加值”方法，估算 31% 的制造业就业下滑归因为跨境产业转移，但更多源于制造业从大规模人工生产向自动化场景的转变，以及数字技术催生中国制造业市场分工的不断深化。

纵览人类前四次制造中心大规模迁徙的实践，技术创新和产业升级才是全球制造业大迁移背后的真正动力。美国凭借制造端和产品端的流程创新，才在 20 世纪20年代前后站在了制造业世界之巅。日本和德国以完备、高效的工业协作体系和世界领先的基础工业技术，保持了后来制造业中的赢家地位。韩国则以全产业链协同带来的技术创新和产品创新，承接了世界制造中心向亚太地区的转移。中国依赖比较齐全的工业体系和完整的供应链市场体系，接棒世界制造业中心。创新要素无疑也是制造业加速分化和中国能否成功拥有新一代制造业的关键。在中国40余年的改革之路上，中国企业收获到最为宝贵的财富是市场意识，这正是中国制造的核心竞争力。当低端产品不能继续维系市场竞争力时，就必须增加产品和服务的科技含量，“倒逼”制造企业转型升级。对于生产资料的制造商而言，只有科学技术才能创造价值。当然，产品科技含量增加应当符合将来市场需求。制造企业的竞争力不仅是核心技术、资本的竞争力，更多的是产业链的控制能力。世界工业史的实践也显示，在制造企业升级过程中即使是外包业务，只要在外包过程中适当改造业务流程，确保本土岗位能够持续、有效存在，就能够在全球化过程中实现共赢。处于深度全球化的东方希望，需要正视全球化对原有制造分工体系的影响，逐步聚焦研发和技术升级，发挥企业于细微处小创新的优势，摒弃线性的产能扩张，依托独一无二的市场和供应商体系，牢牢掌握从制造原料到销售渠道的完整生态系统。

制造业面临的另外一个趋势是，在当今能源变革时代，向绿色经济转型被誉为最大的机遇和挑战。企业发展已进入“环境优化增长”模式迭代“环境换取增长”模式阶段。随着我国进入中等收入国家行列，全球化和城镇化进程不断加快，以及科技发展、消费结构升级和消费水平的提高，社会和民众对优质产品和优美生态环境的需求日益增加，绿色生产和产业高质量发展受到前所未有的关注。制造业作为环境污染的主要源头之一，对制造业增长方式从传统的要素驱动转向效率驱动的呼吁日趋高涨。数字经济作为继农业经济、工业经济之后的新经济形态，已经成为中国经济非常重要的组成部分。区块链、边缘计算、深度学习、神经网络等新一代网络信息技术与新兴前沿技术应用，尤其5G技术在未来的应用，有望助推制造业实现基于可视化管理和智能化决策的生产效率和管理效能提升，以及质量安全水平改进、生产工艺流程优化、生产能耗降低及原料供应协同，将支撑制造企业顺利推进数字化、网络化和智能化转型升级。以互联网为核心生产力和创新要素的制造业新生态正在加速形成。东方希望面临的一个新课题是：在做好企业“小数据”的基础上，管理理念逐步由集中式控制向分散式控制转变，利用互联网平台集聚整合企业内部与企业之间各类信息流、技术流、资金流、物流，实现网络化协同制造和智能制造，完成数字化转型，发挥产业协同效应，进一步拥抱全球产业链。

当然，制造企业的高质量发展不仅是发展方式的转型升级，尤其需要思考制造企业探索数字化时代制造业的社会责任和行为规范。企业依托工业领域中的专业积累和知识积淀，从起步阶段以行业技术发展态势的数据采集和观测为主，逐步拓展至研发设计、生产制造、仓储物流、运营维护、上下游供应链各层面的微观小数据价值分析，准确把握行业特性、需求痛点和业务流程，发挥数据的基础资源作用和创新引擎作用，发展在不同制造子行业兼具前瞻引领作用和示范效应的智能化升级解决方案，促使制造业与现代服务业的精准对接。

综观东方希望的整个发展历程，刘永行的经营管理理念非常清晰。一是没有一家企业的成功可以完全离开环境大势的配合。他在经营中审时度势，创造企业与环境的内外匹配和战略与组织、能力的内部匹配。二是设定明确的业务核心，即“循环产业链”战略，聚焦于铝业和饲料业，通过滚动式开发和市场机制，让循环产业链中的业务共生共演，成为各个细分行业内的佼佼者。三是按照市场需求，开发新的技术改进产品工艺，凭借成本优势占领国内外市场。以新疆电解铝厂为例，电解铝的主要成本是电、氧化铝、碳素，在新疆煤电和碳素具有明显优势，这些优势叠加形成了竞争优势。四是强调集成式创新，首先在国内不断进行小规模试验、试错，成功后再全面推广、跨国复制。五是在组织管理上，提出标准循环管理、时间管理、领导管理等精益理念与方法。六是抑制金融工具，重视实体持续稳健经营、分权监督。七是以盈利继续进行投入，开发新的技术，企业员工收入随着企业的发展逐步上升。八是员工的收入增加带来稳定的团队结构，带来对更高质量产品的需求和更多技术改进的需求。

东方希望经营稳健，资产负债表良性，有利于企业回归于技术创新，培养工匠精神。但企业面临的真正挑战，一个是信息革命的兴起促进了国际化大分工和产业的重新洗牌，企业如何适应这种巨大的环境变化，保持竞争力，即在工业高度信息化、智能化时代进行高密度创新问题；另一个则是当企业的第一代创业人退出公司领导层时，都要面临企业家精神的传承与发扬问题，企业如何不拘泥于过去的成功经验，开拓新市场，抓住新的成长机会，在制造业与互联网融合发展的过程中确立显著的竞争地位，已成为普遍关注的焦点。

参考文献

［1］陈亮．中国制造业前有围堵后有追兵，增量红利转向存量裂变［J］．财经，2019（1）．

［2］陈平．代谢增长论——技术小波和文明兴衰［M］．北京：北京大学出版社，2019.

［3］丁安华．落花无言：私营经济的衰退［J］．新财富，2018（9）．

［4］戴维·兰德斯，乔尔·莫克，威廉·鲍莫尔．历史上的企业家精神［M］．姜井勇，译．北京：中信出版集团，2016.

［5］高尚全，等．40 年改变中国：经济学大家谈改革开放［M］．北京：北京联合出版公司，2018.

［6］稻盛和夫．活法［M］．曹岫云，译．北京：东方出版社，2010.

［7］吉姆·柯林斯，杰里·波勒斯．基业长青［M］．真如，译．北京：中信出版社，2009.

［8］乐文睿．中国创新的挑战：跨越中等收入陷阱［M］．北京：北京大学出版社，2016.

［9］罗纳德·哈里科斯，王宁．变革中国——市场经济的中国之路［M］．徐尧，李哲民，译．北京：中信出版社，2013.

[10] 厉以宁．改革开放以来的中国经济 1978—2018［M］．北京：中国大百科全书出版社，2018.

[11] 马克·格兰诺维特．镶嵌：社会网与经济行动［M］．罗家德，等译．北京：社会科学文献出版社，2015.

[12] 彼得·德鲁克．卓有成效的管理者［M］．许是祥，译．北京：机械工业出版社，2009.

[13] 彼得·德鲁克．管理的实践［M］．齐若兰，译．北京：机械工业出版社，2012.

[14] 彼得·德鲁克．创新与企业家精神［M］．蔡文燕，译．北京：机械工业出版社，2012.

[15] 彼得·蒂尔，布莱克·马斯特斯．从 0 到 1：开启商业与未来的秘密［M］．高玉芳，译．北京：中信出版社，2015.

[16] 苏勇．改变世界（二）：中国杰出企业家管理思想精粹［M］．北京：企业管理出版社，2017.

[17] 威廉·鲍莫尔．创新：经济增长的奇迹［M］．郭梅军，唐宇，彭敬，等译．北京：中信出版集团，2016.

[18] 吴晓波，朱克力，等．读懂中国制造 2025［M］．北京：中信出版集团，2015.

[19] 吴晓波．大败局［M］．杭州：浙江大学出版社，2013.

[20] 卓贤，黄金．制造业岗位都去哪了：中国就业结构的变与辩［J］．财经，2019（5）.

高小玲

上海海洋大学经济管理学院副教授、硕士生导师，复旦大学管理学博士，加拿大阿尔伯塔大学访问学者。出版个人专著两部，合著一部，参编教材一部，其中专著《企业道德风险理论及基于中国企业的实证研究》获上海市学术著作出版基金资助；在《南开管理评论》《研究与发展管理》《经济评论》《改革》《软科学》等国家重要学术期刊上发表论文逾 30 篇；主持教育部、农业农村部、科技部、上海市科委、上海市教委等纵向和横向科研课题 20 项。

“改变世界：中国杰出企业家研究系列丛书”是复旦管理学奖励基金会、复旦大学东方管理研究院与上海第一财经传媒有限公司联合开展的“改变世界：中国杰出企业家管理思想访谈录”项目的重要成果。这套管理思想的研究丛书是中国杰出企业家心血和智慧的结晶，是企业管理实践的凝练和总结，既有感性的感悟，又有理性的提升。企业管理的核心是“人”能的充分发挥，是企业家人格魅力的尽情展示。企业的发展历程透视企业家独创的管理思想和理念。本书读来生动，颇有回味，特此推荐给企业界、学术界各位同人，相信各位从中会得到新的启迪。

中国工程院院士、复旦管理学奖励基金会秘书长　王基铭

改革开放以来，中国企业家创造了一个又一个的经济与管理奇迹，他们不同于西方传统企业家，也没有完全按照经典管理学理论来发展企业，但是他们的成绩令世界瞩目。该套丛书以生动的素材和鲜活的语言，记录了一部分中国杰出企业家的管理思想和伟大实践，为世界管理学发展提供了中国智慧。

清华大学管理学院原院长、教授　赵纯均

这是一个划时代的企业家群体，他们不仅为社会提供了有竞争力的产品和服务，也不断贡献着关于这个时代创造与发展的真知灼见，引领中国的企业与全球领先企业比肩、对话和合作。

复旦大学管理学院院长、教授　陆雄文

中国企业家是在辽阔的高增长空间和浓缩了西方一两百年历程的时间中发展起来的，从落后到追赶和创新，同时不断因应制度与政策的变迁，这个超级熔炉必然锻造出超级特质。“改变世界：中国杰出企业家研究系列丛书”试图对这种特质进行总结，这种努力是可贵的。

中国商业文明研究中心发起人　秦　朔

上架建议　企业管理

企业管理出版社
官　方　微　信

ISBN 978-7-5164-2604-3

定价：58.00元